THIS BOOK BELONGS TO:

CONNECT THE DOTS

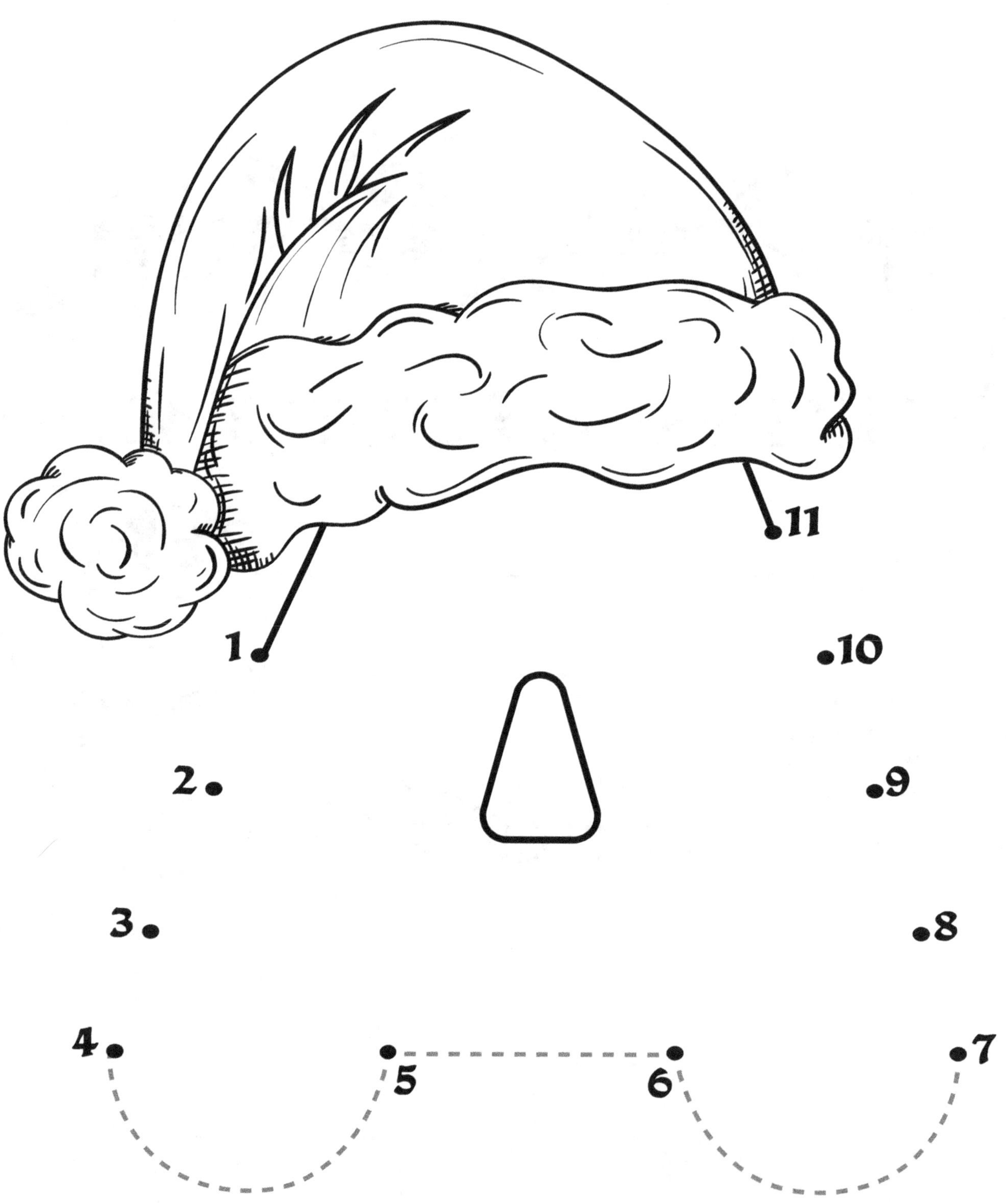

A
COLOR IT

A a

CONNECT THE DOTS

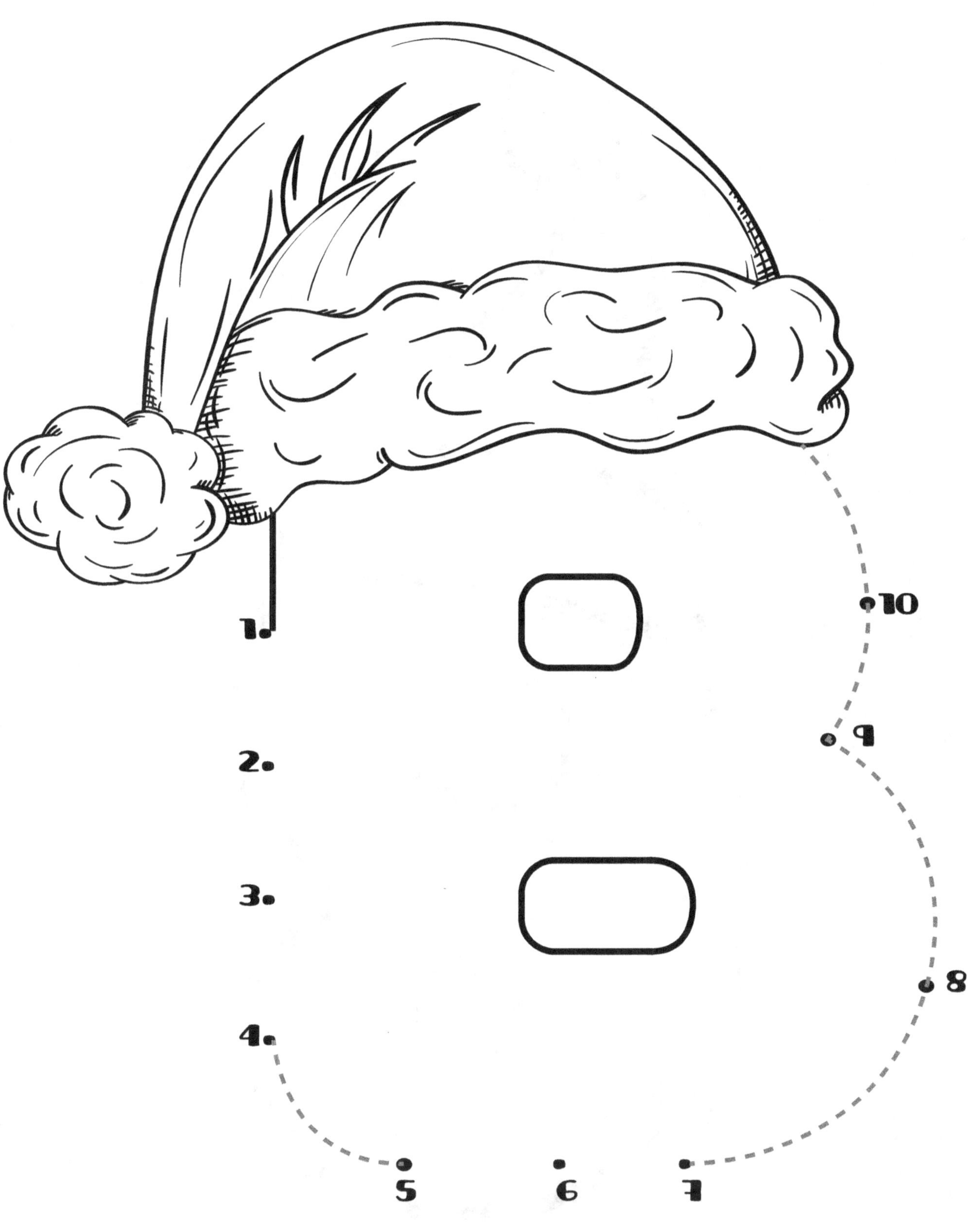

B COLOR IT

B b

CONNECT THE DOTS

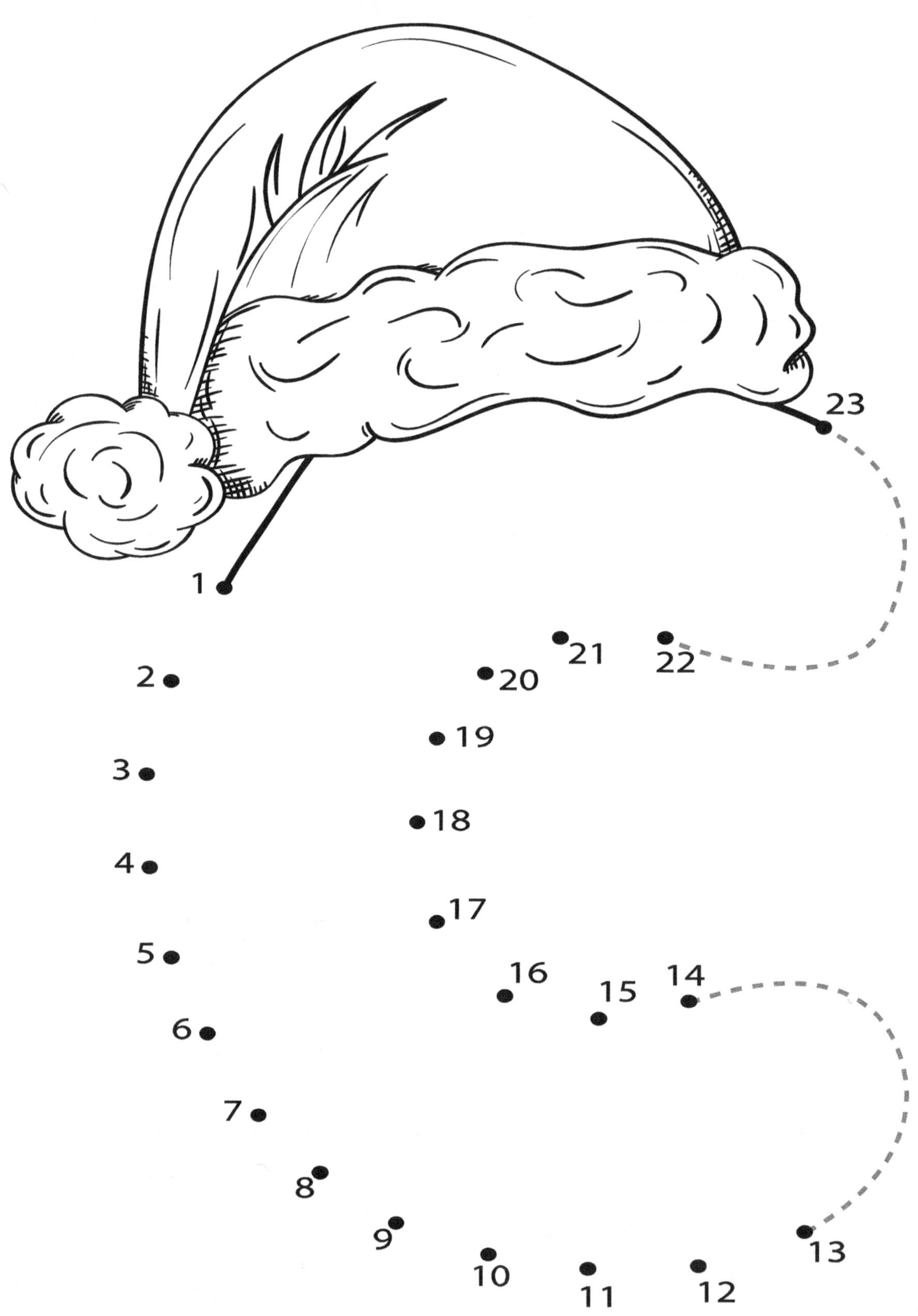

C COLOR IT

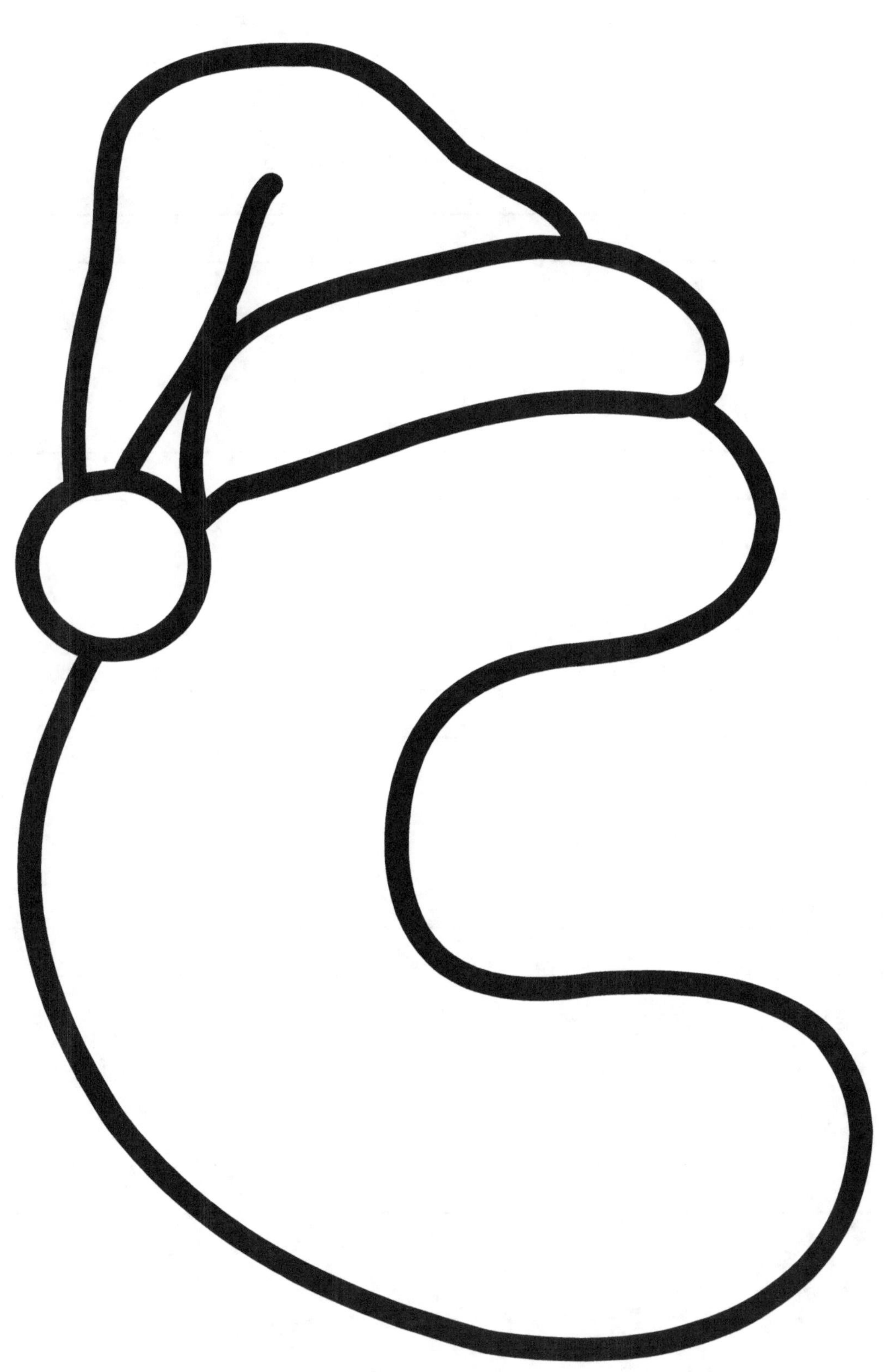

C c

CONNECT THE DOTS

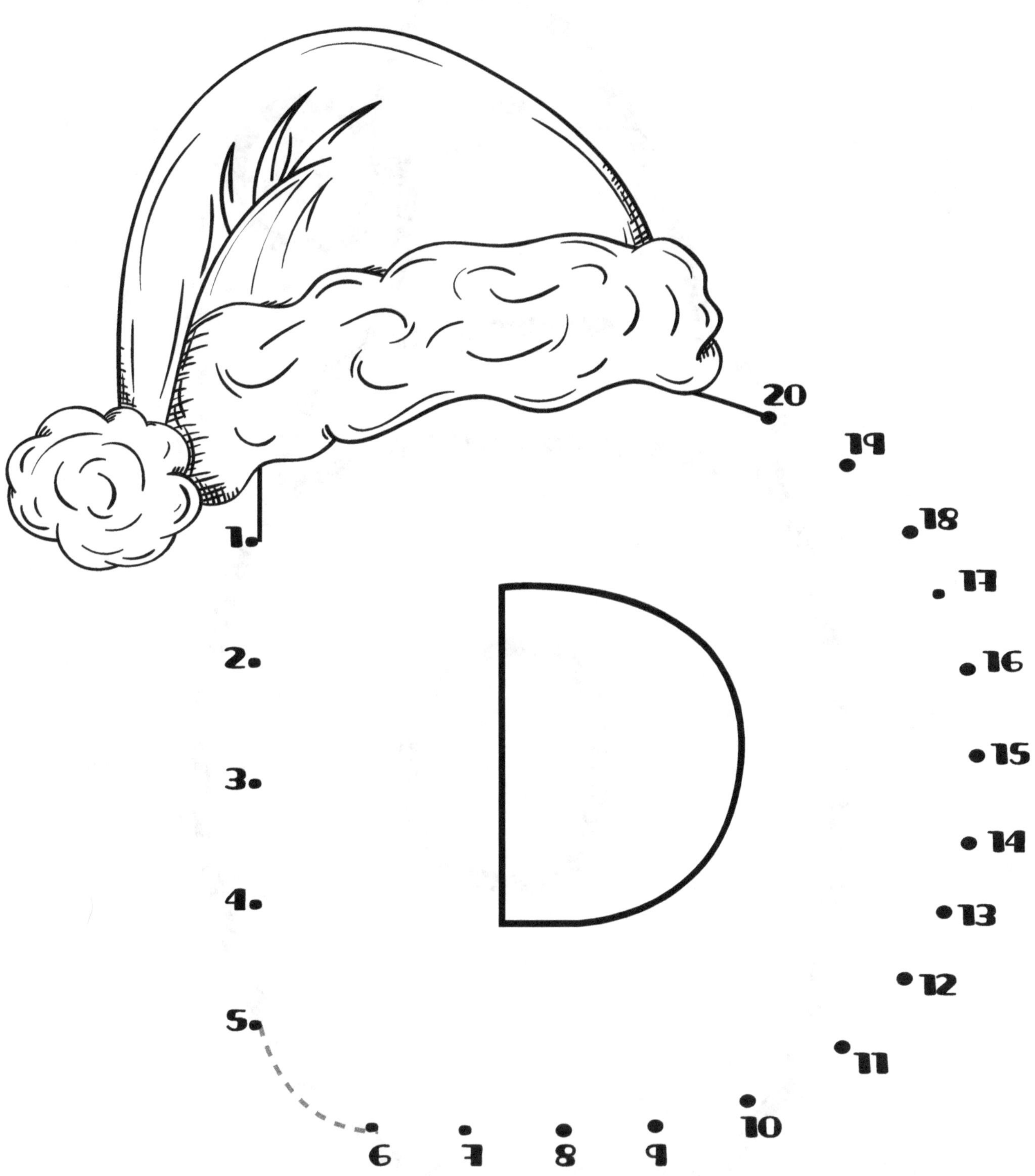

D COLOR IT

D d

CONNECT THE DOTS

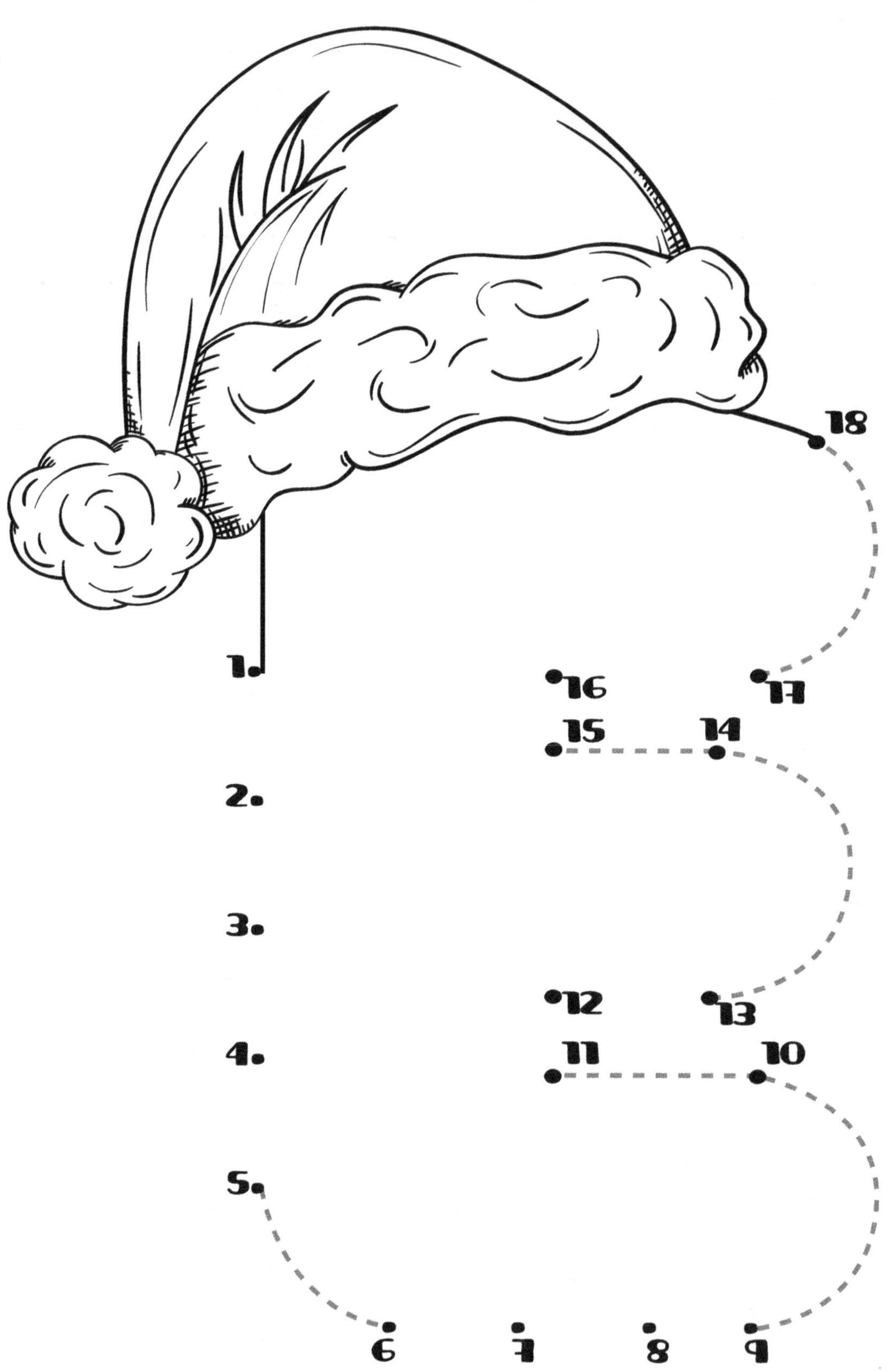

E COLOR IT

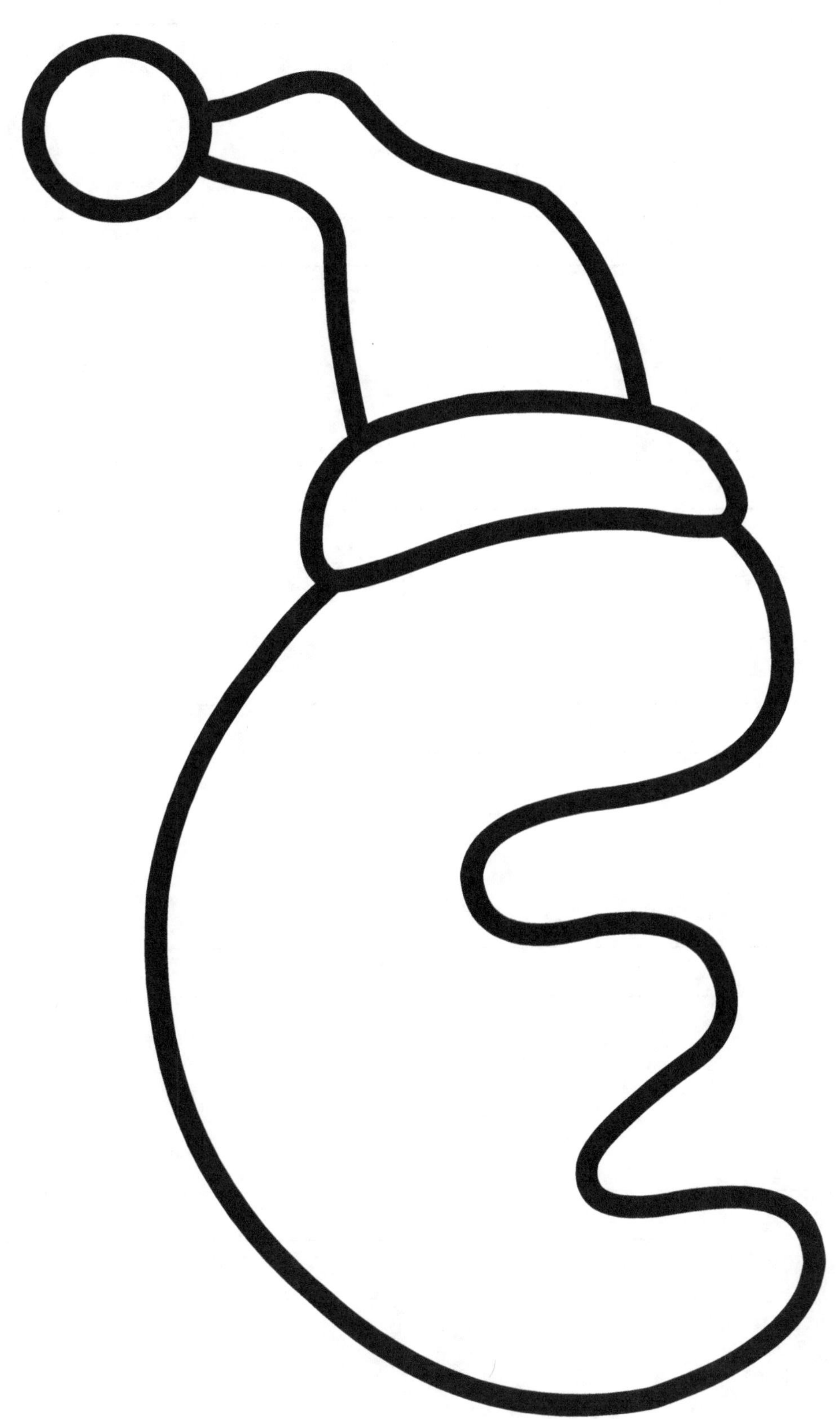

E e

CONNECT THE DOTS

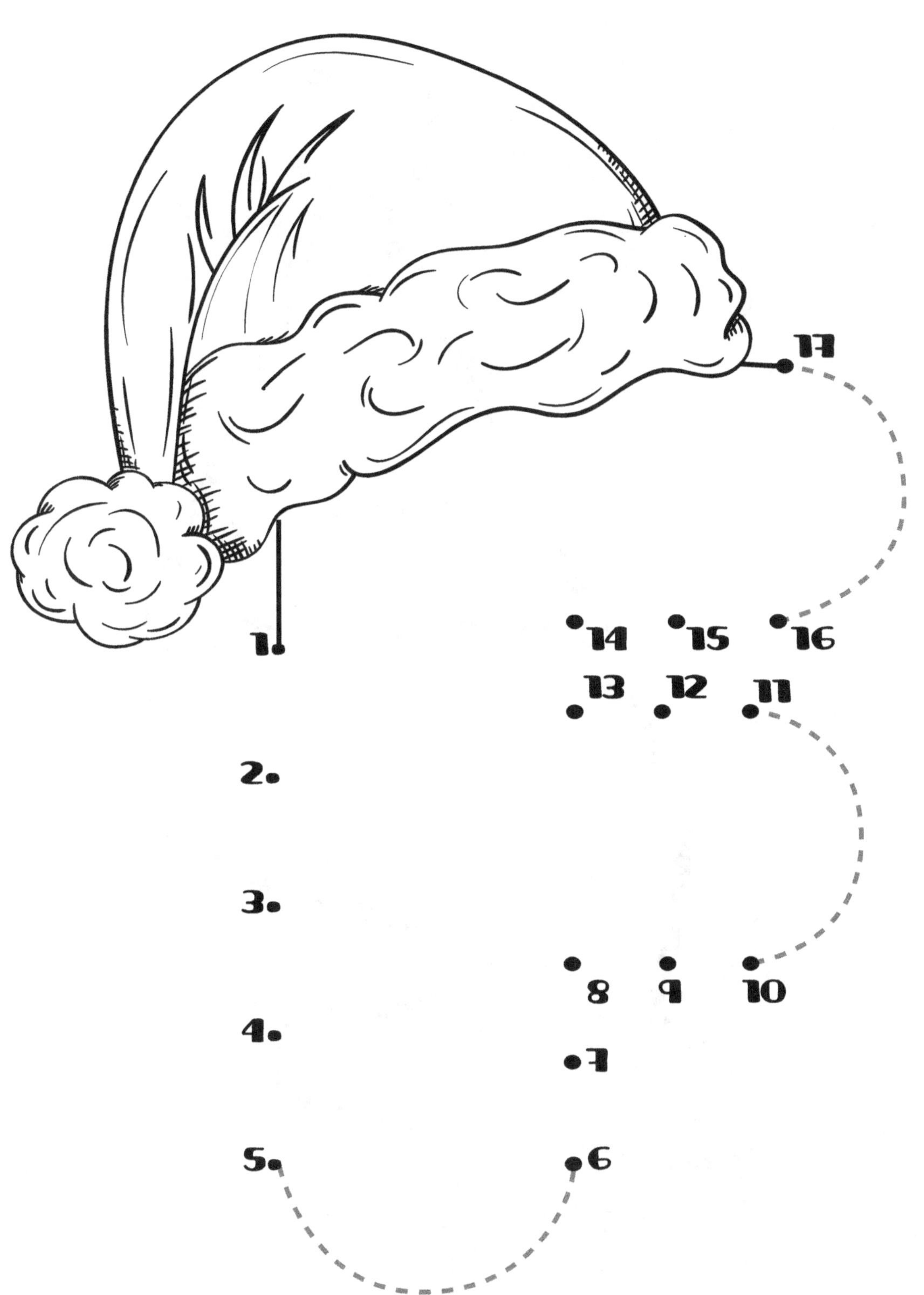

F COLOR IT

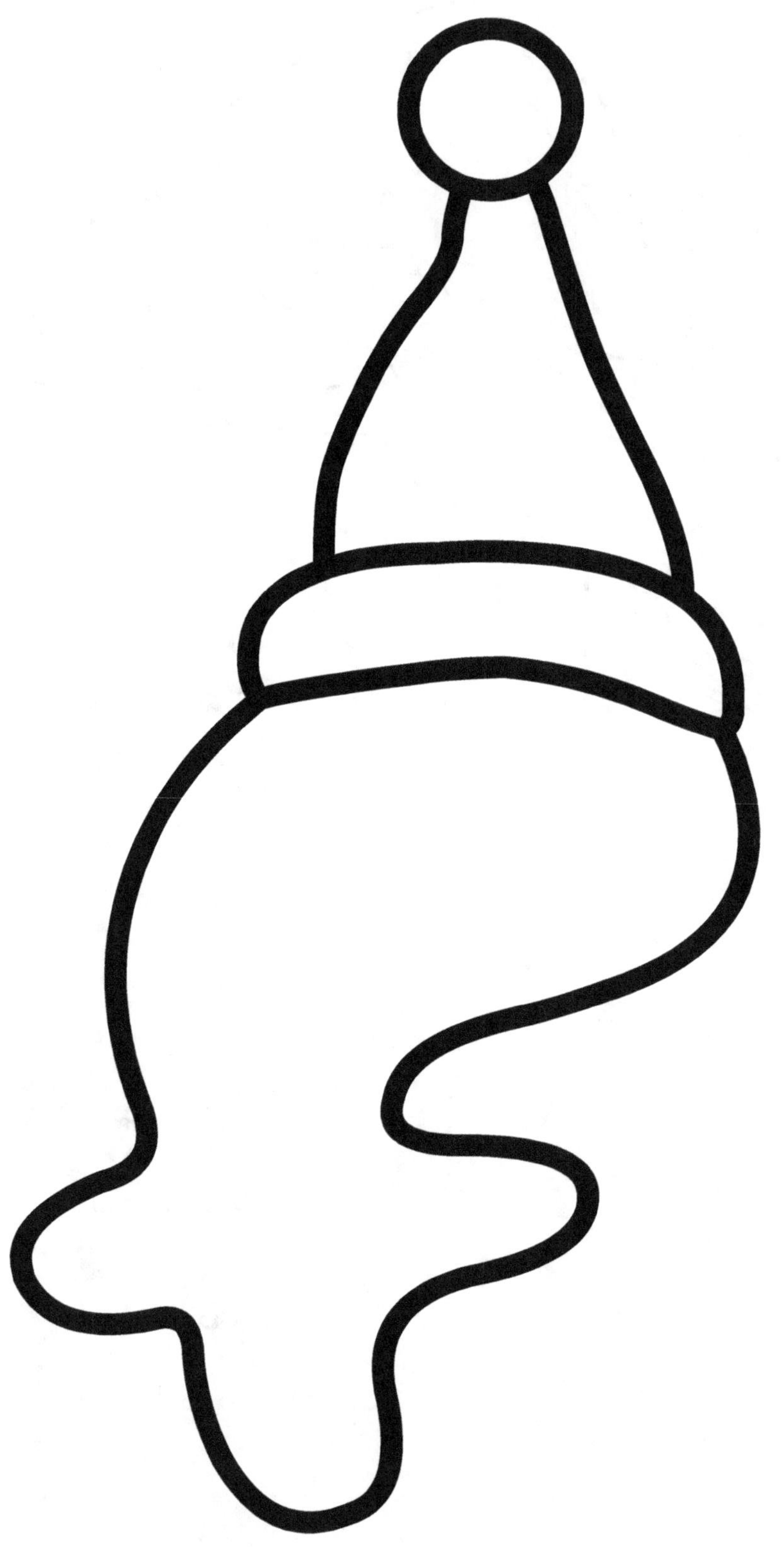

F f

CONNECT THE DOTS

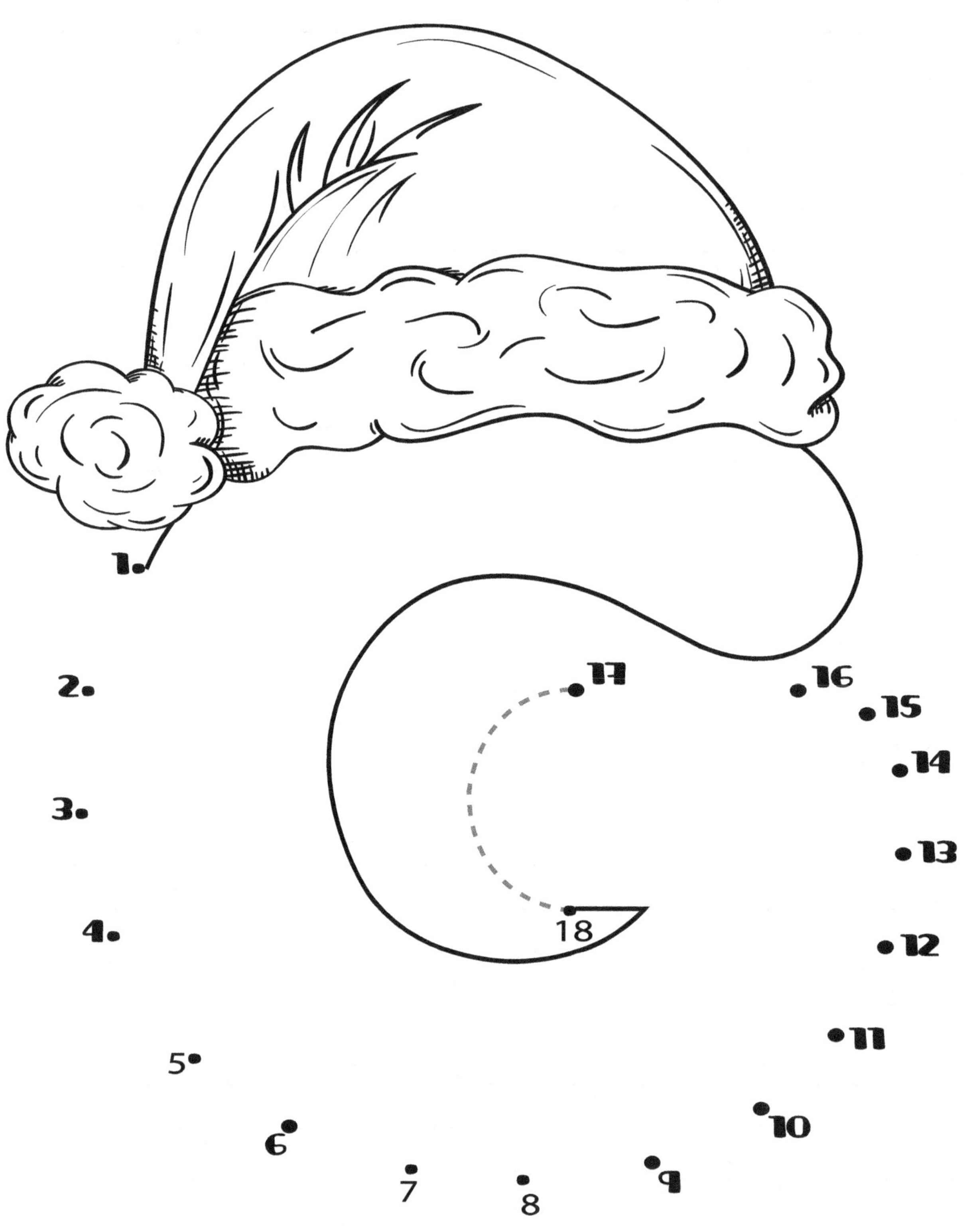

G color it

G g

CONNECT THE DOTS

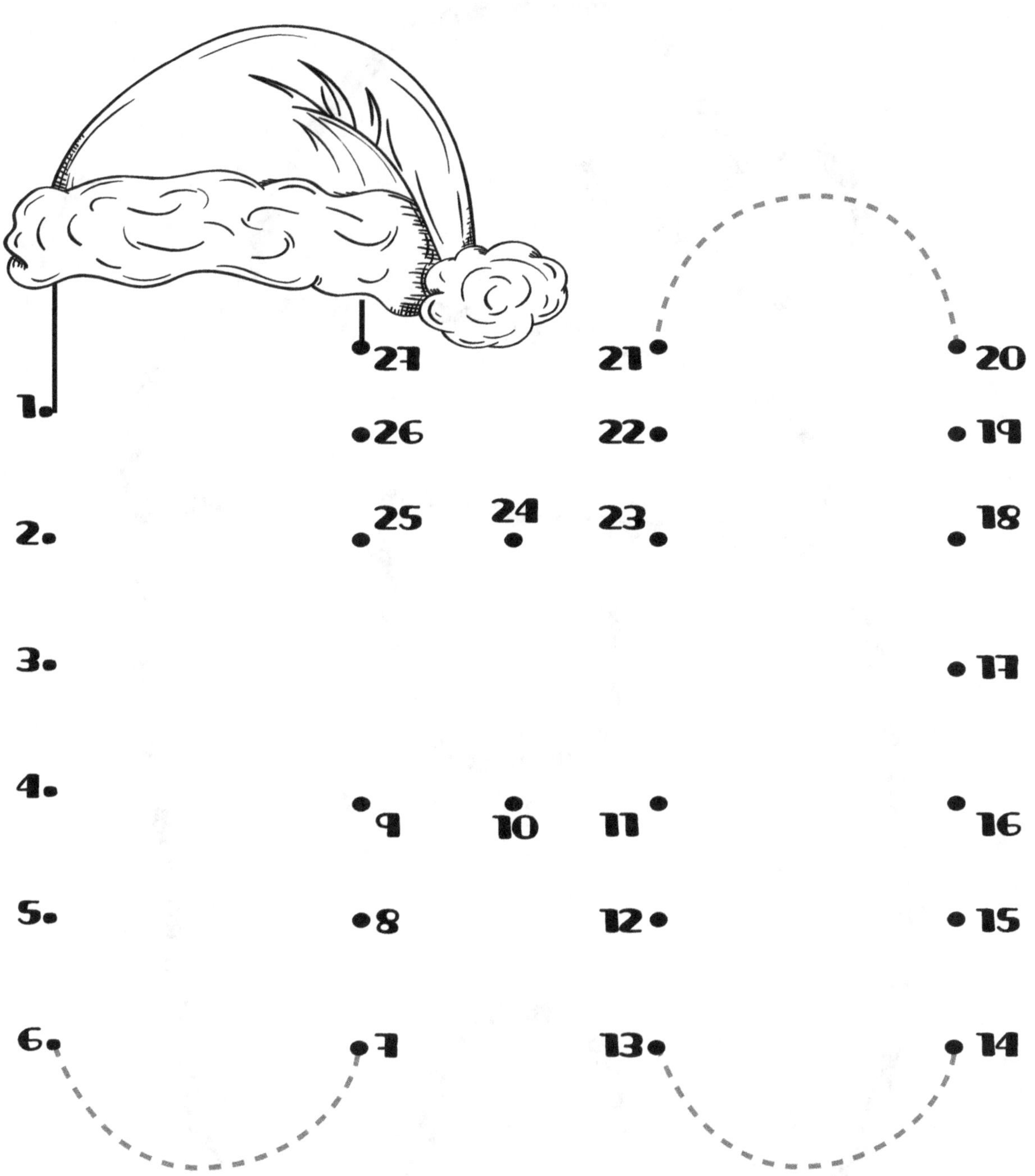

H COLOR IT

H h

CONNECT THE DOTS

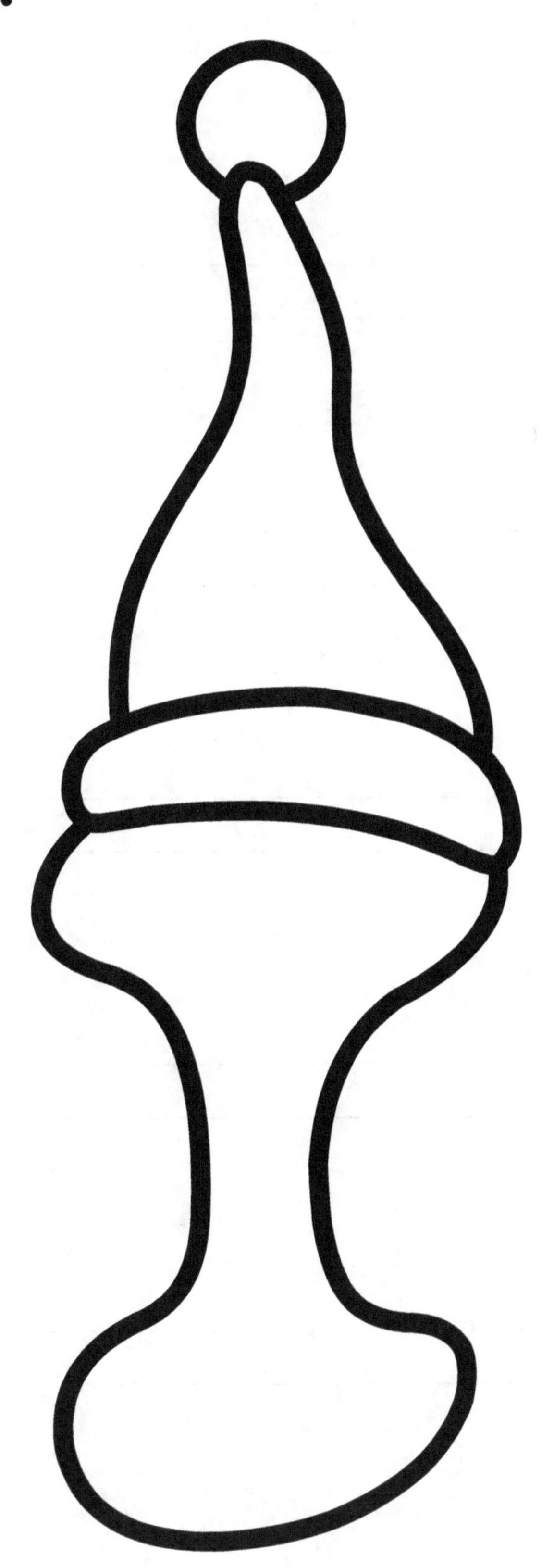

l l

CONNECT THE DOTS

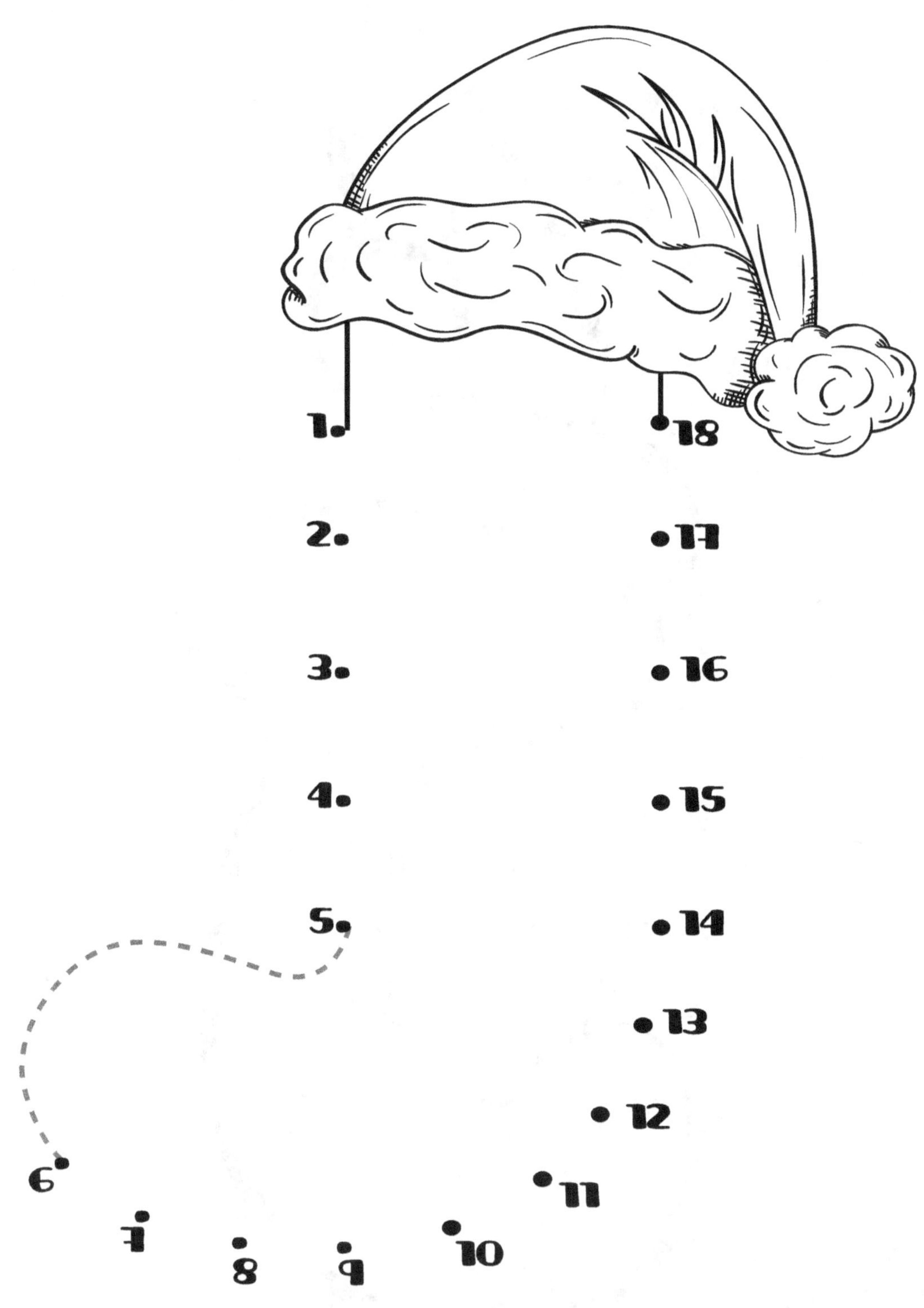

J COLOR IT

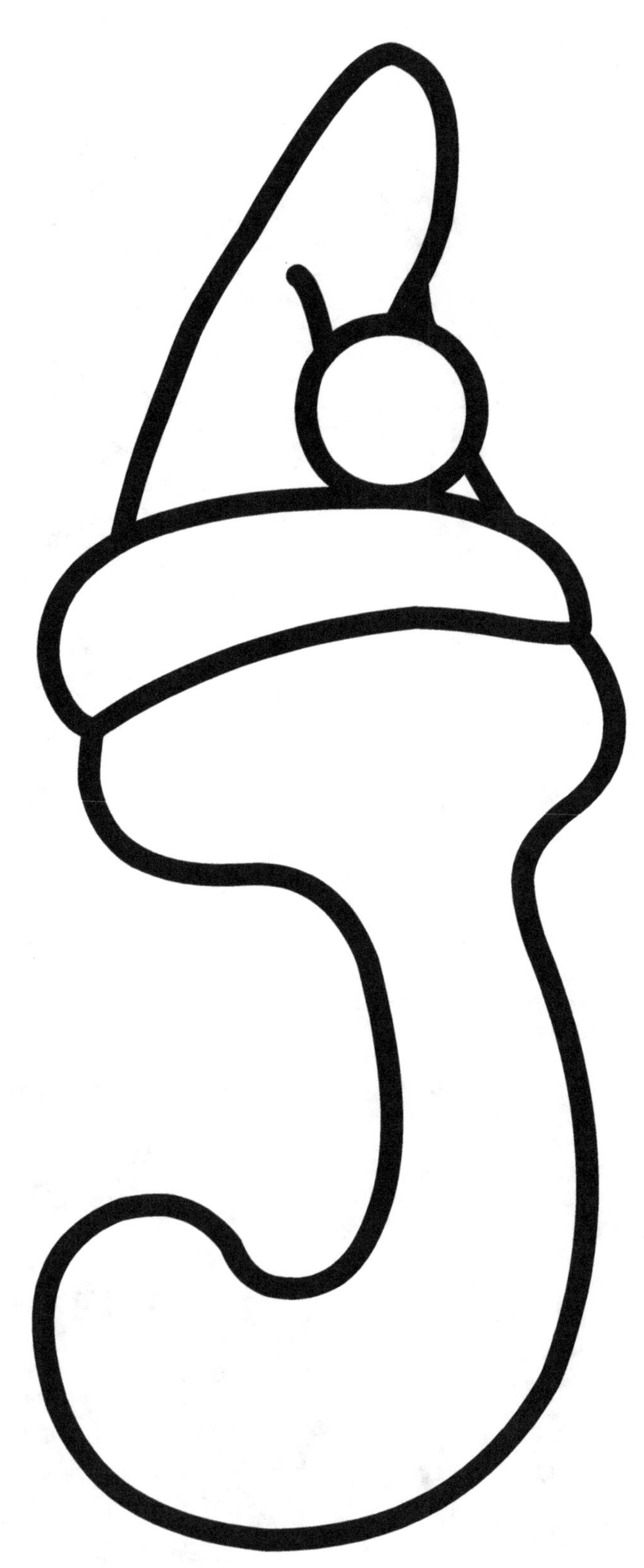

J j

CONNECT THE DOTS

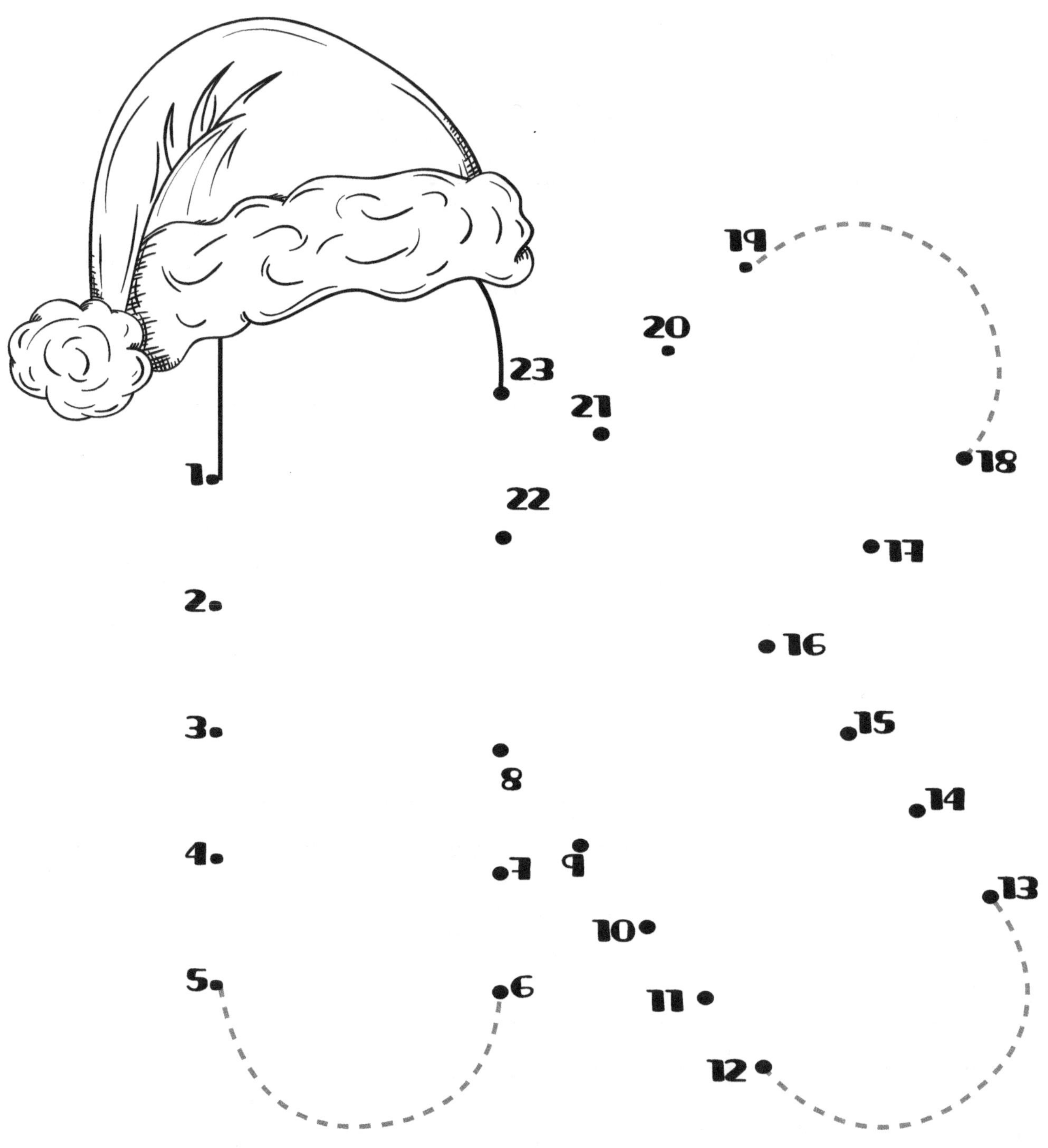

K COLOR IT

K k

CONNECT THE DOTS

L COLOR IT

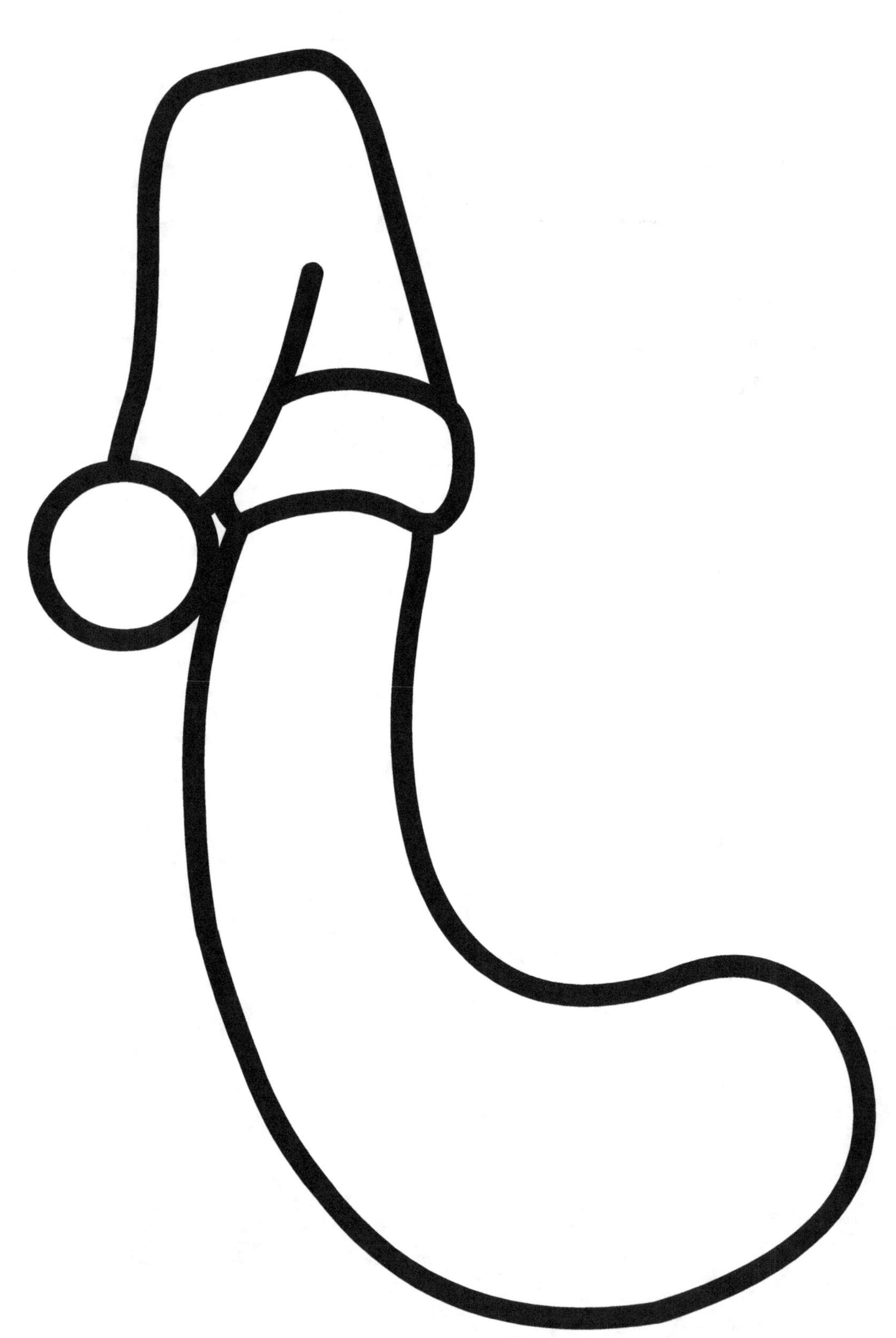

L l

CONNECT THE DOTS

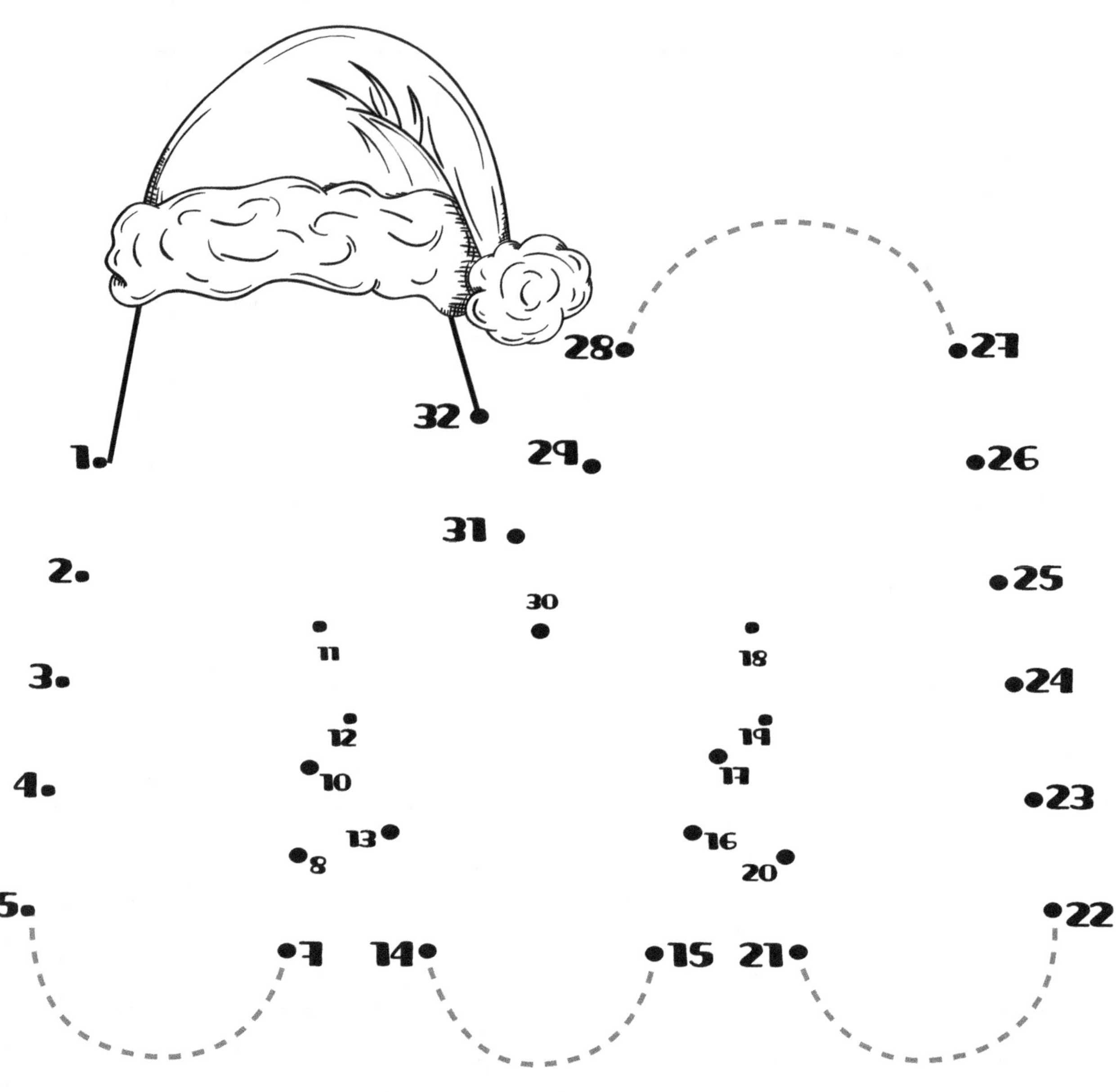

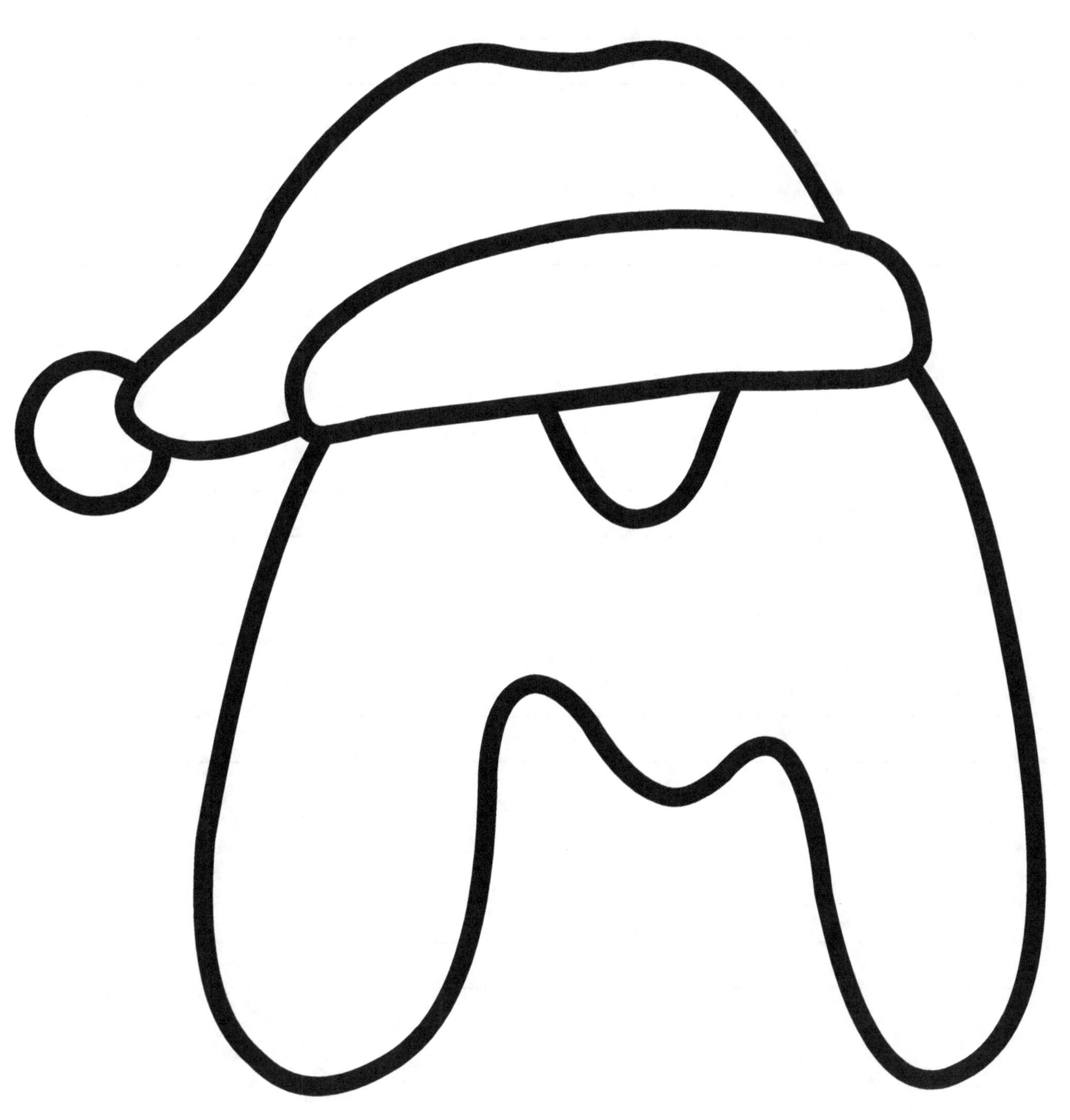

M m

CONNECT THE DOTS

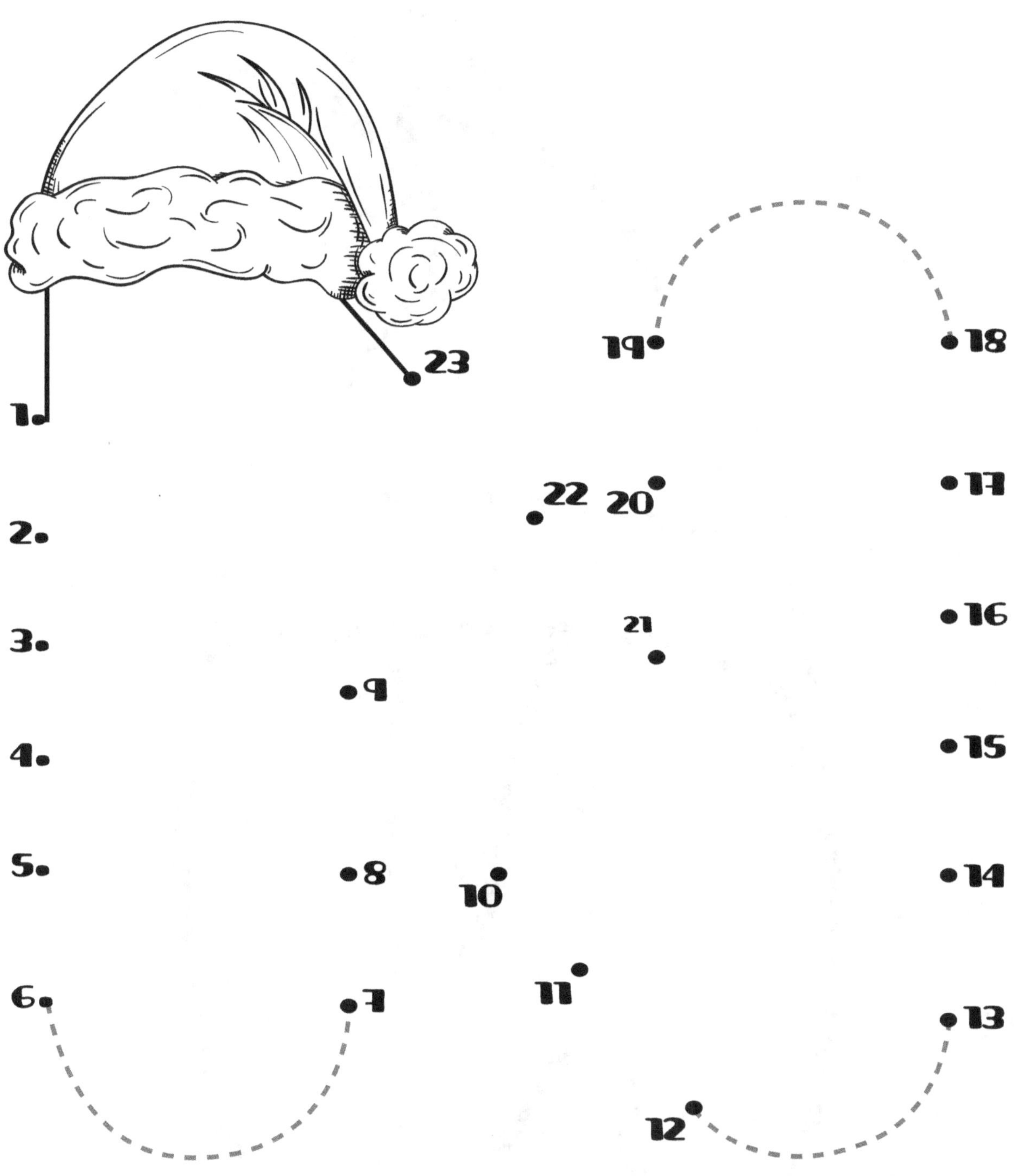

N COLOR IT

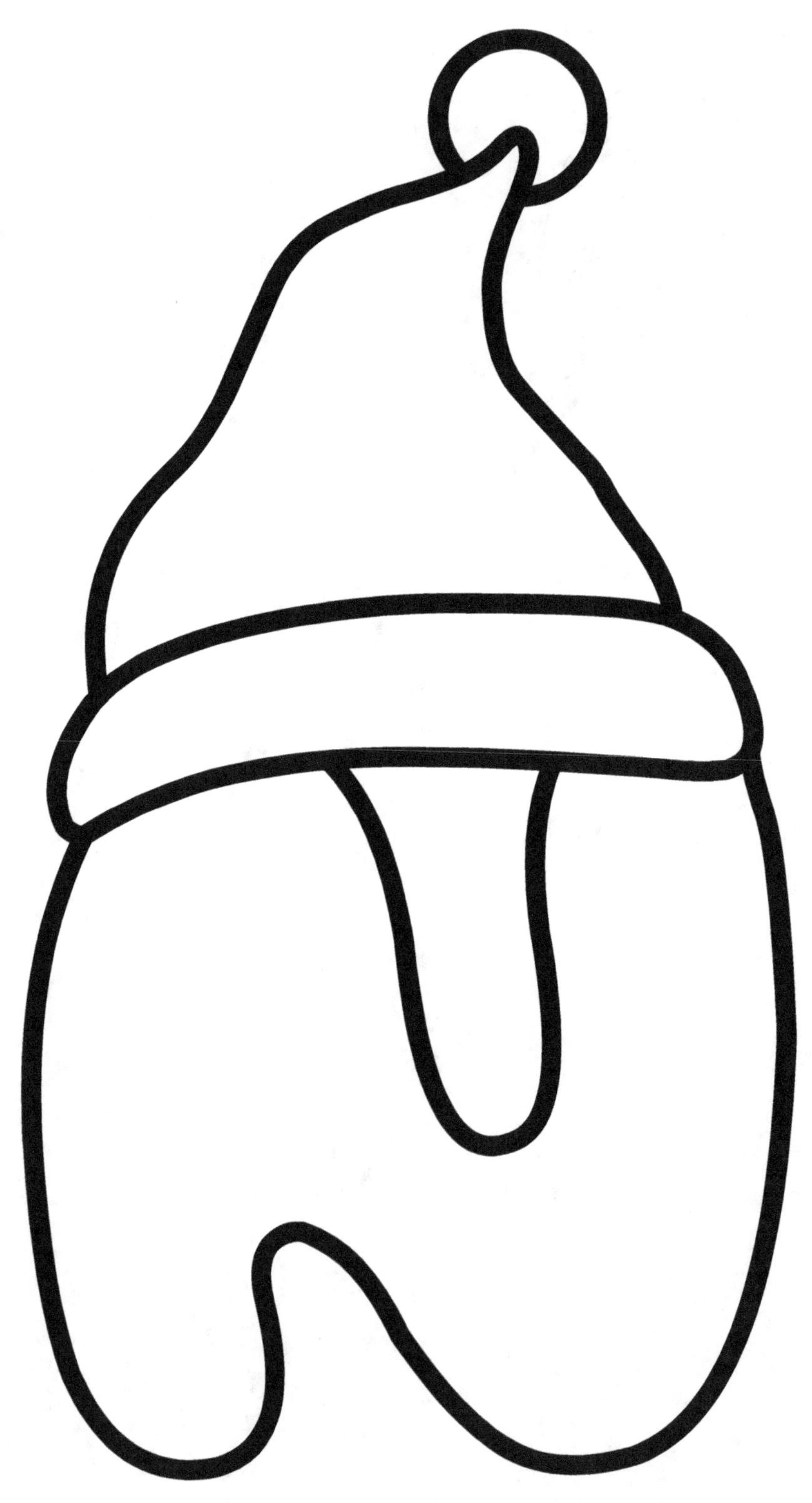

N n

CONNECT THE DOTS

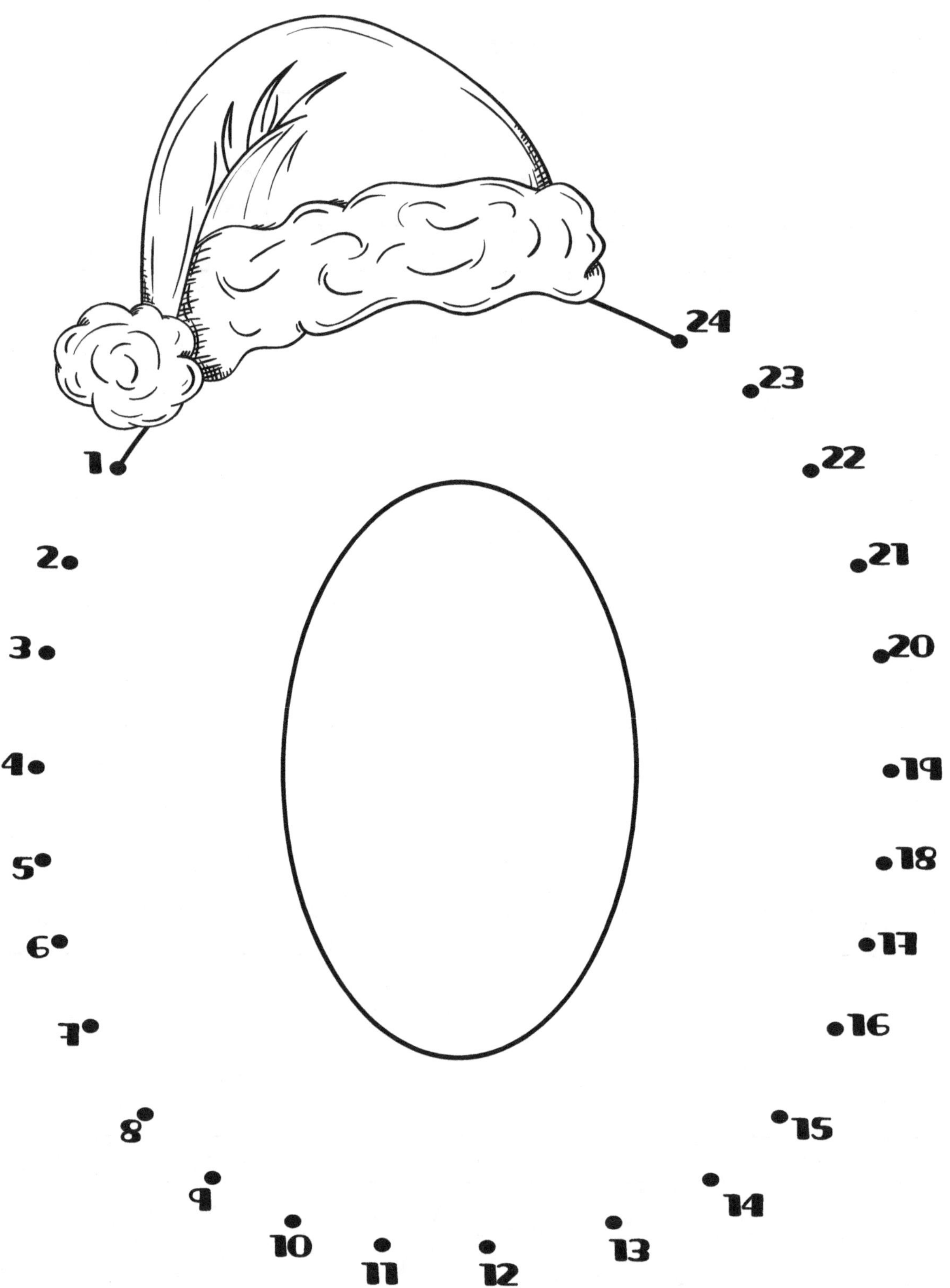

COLOR IT

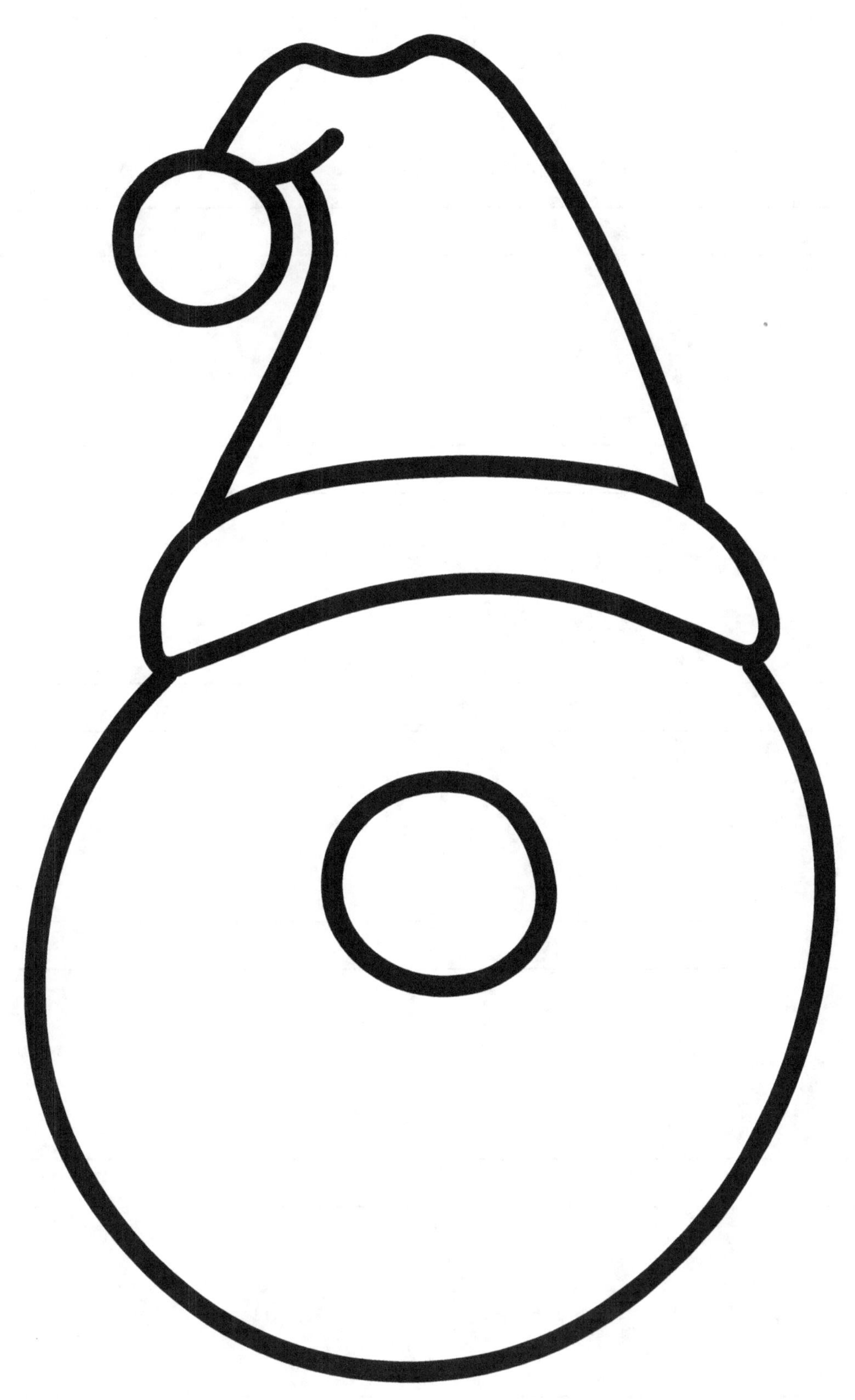

CONNECT THE DOTS

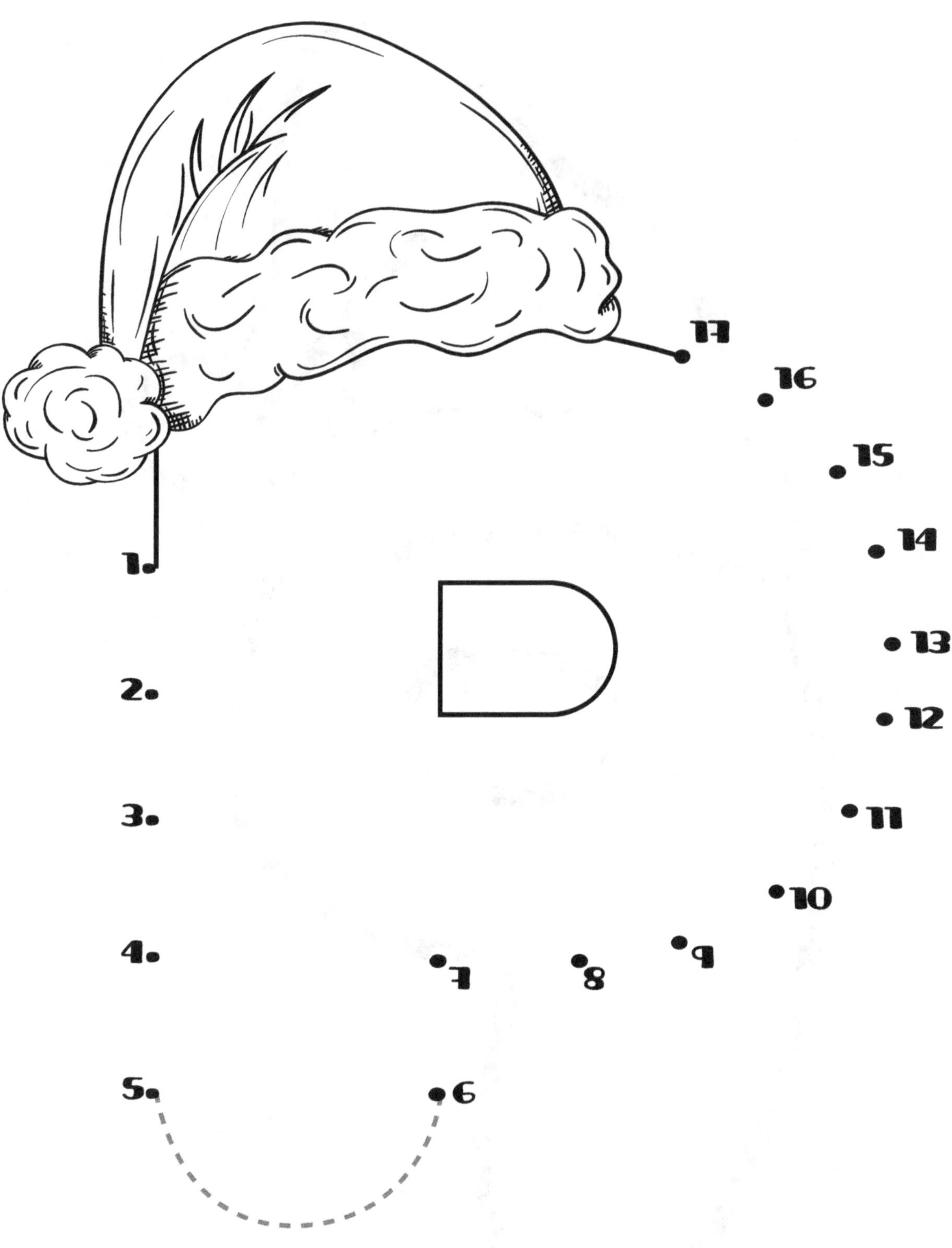

P COLOR IT

P p

CONNECT THE DOTS

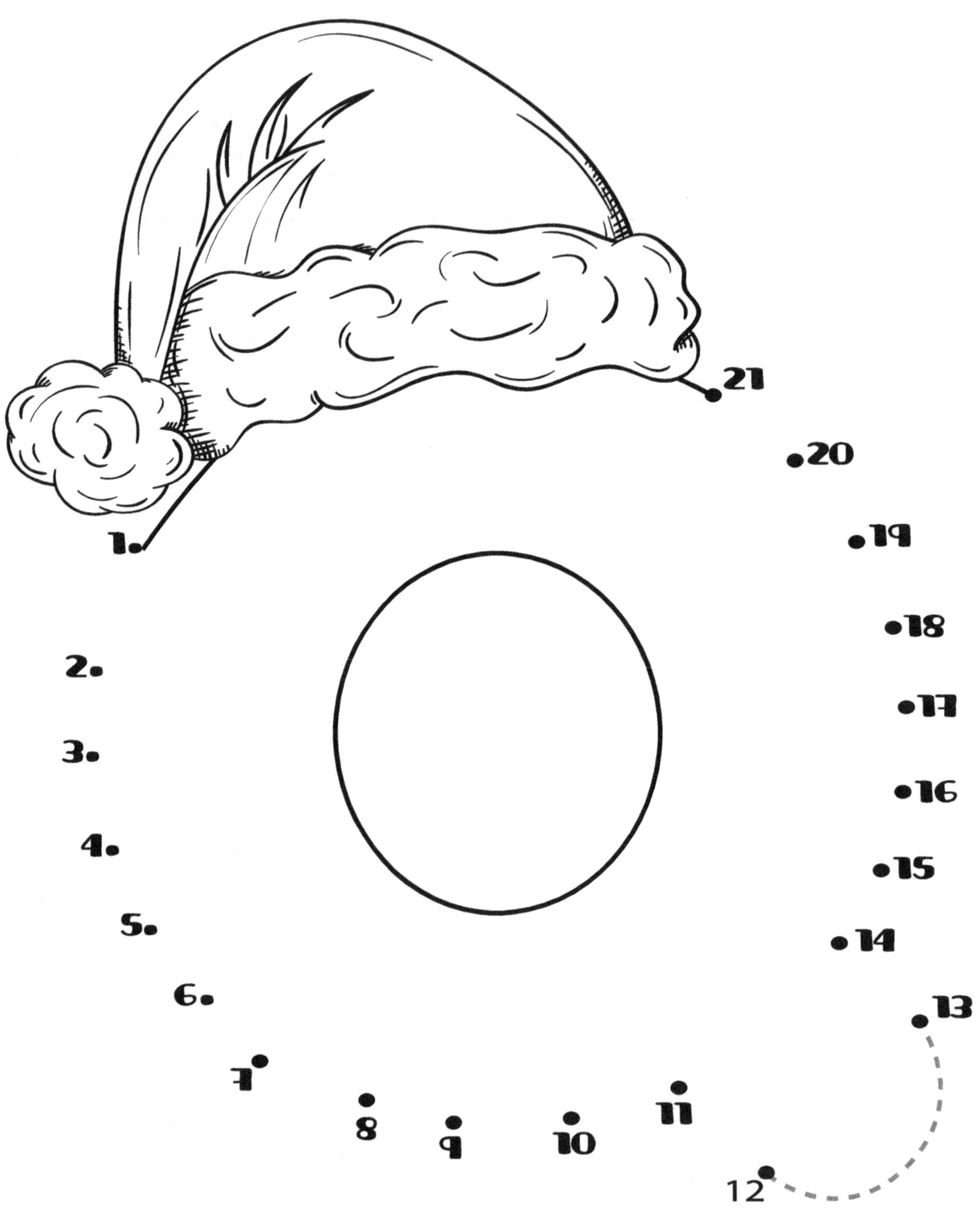

Q COLOR IT

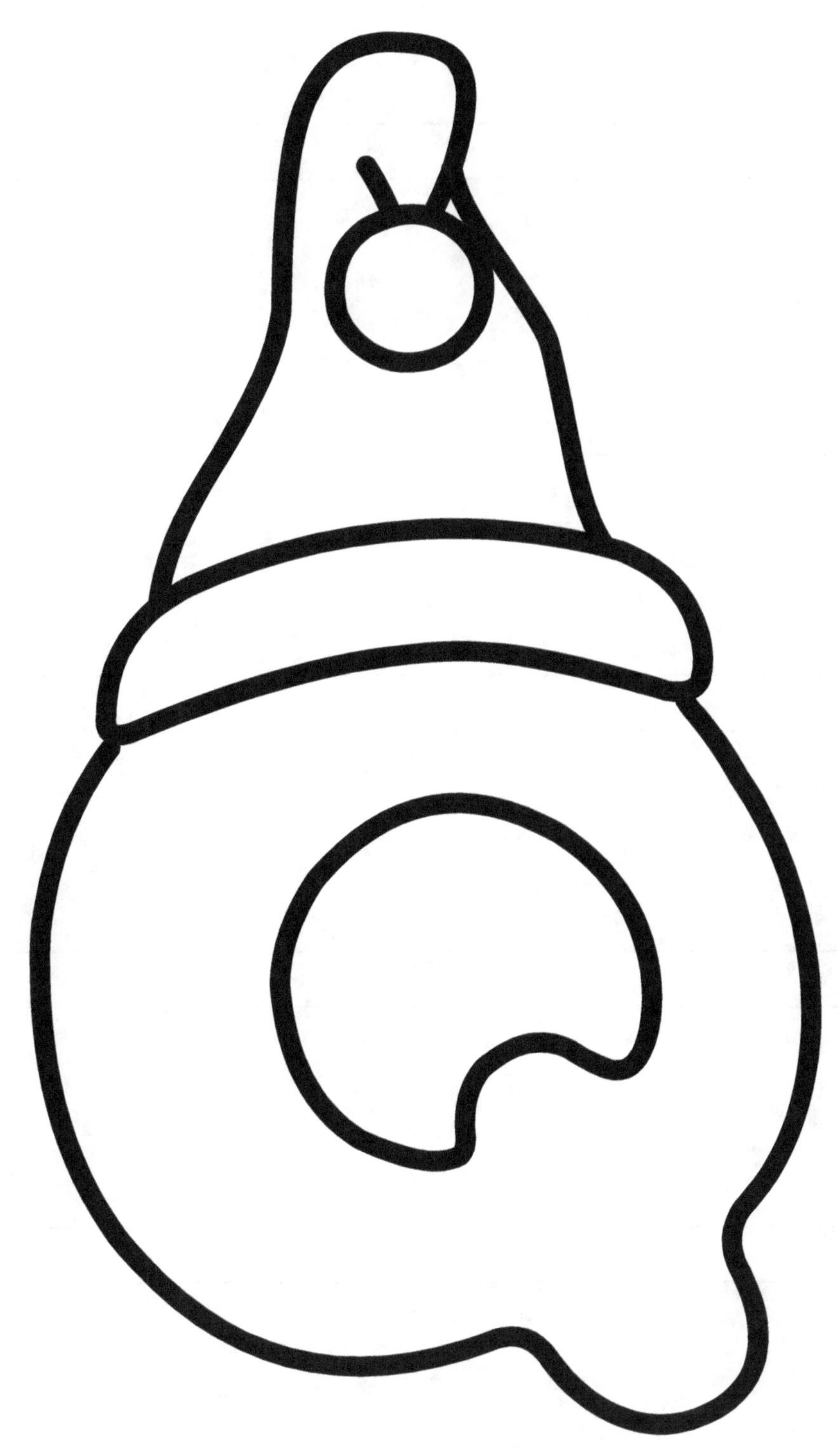

Q q

CONNECT THE DOTS

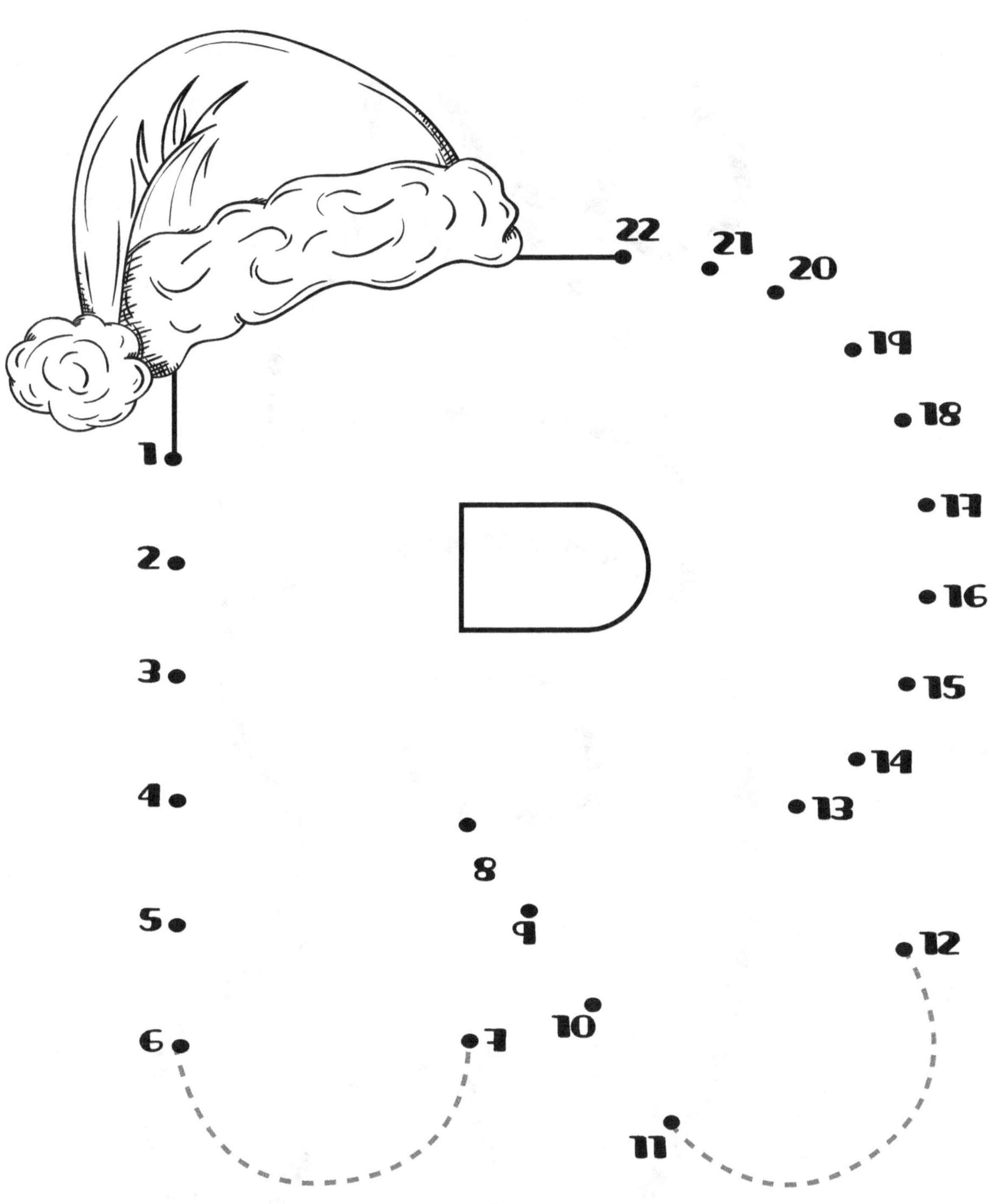

R COLOR IT

R r

CONNECT THE DOTS

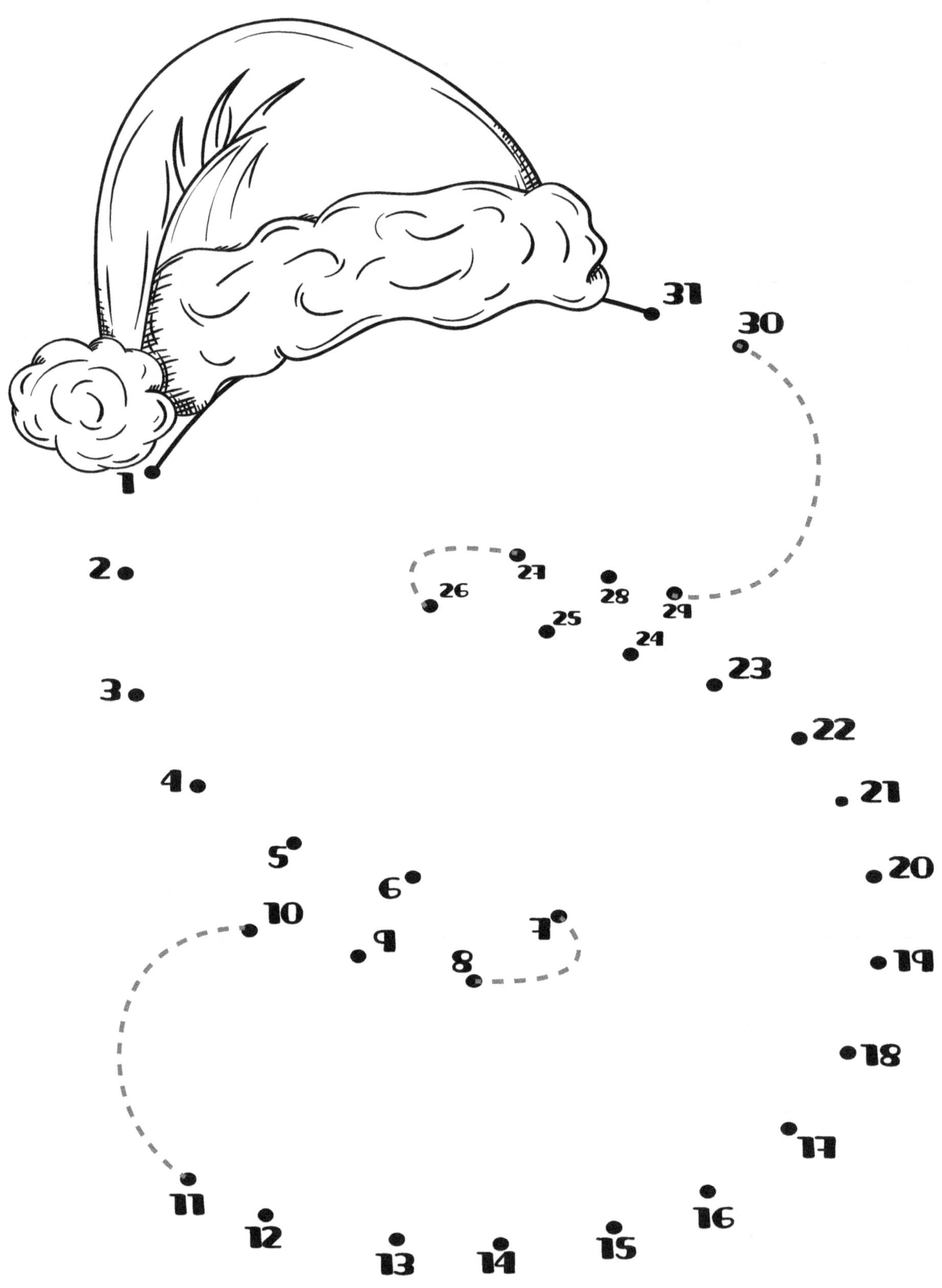

S COLOR IT

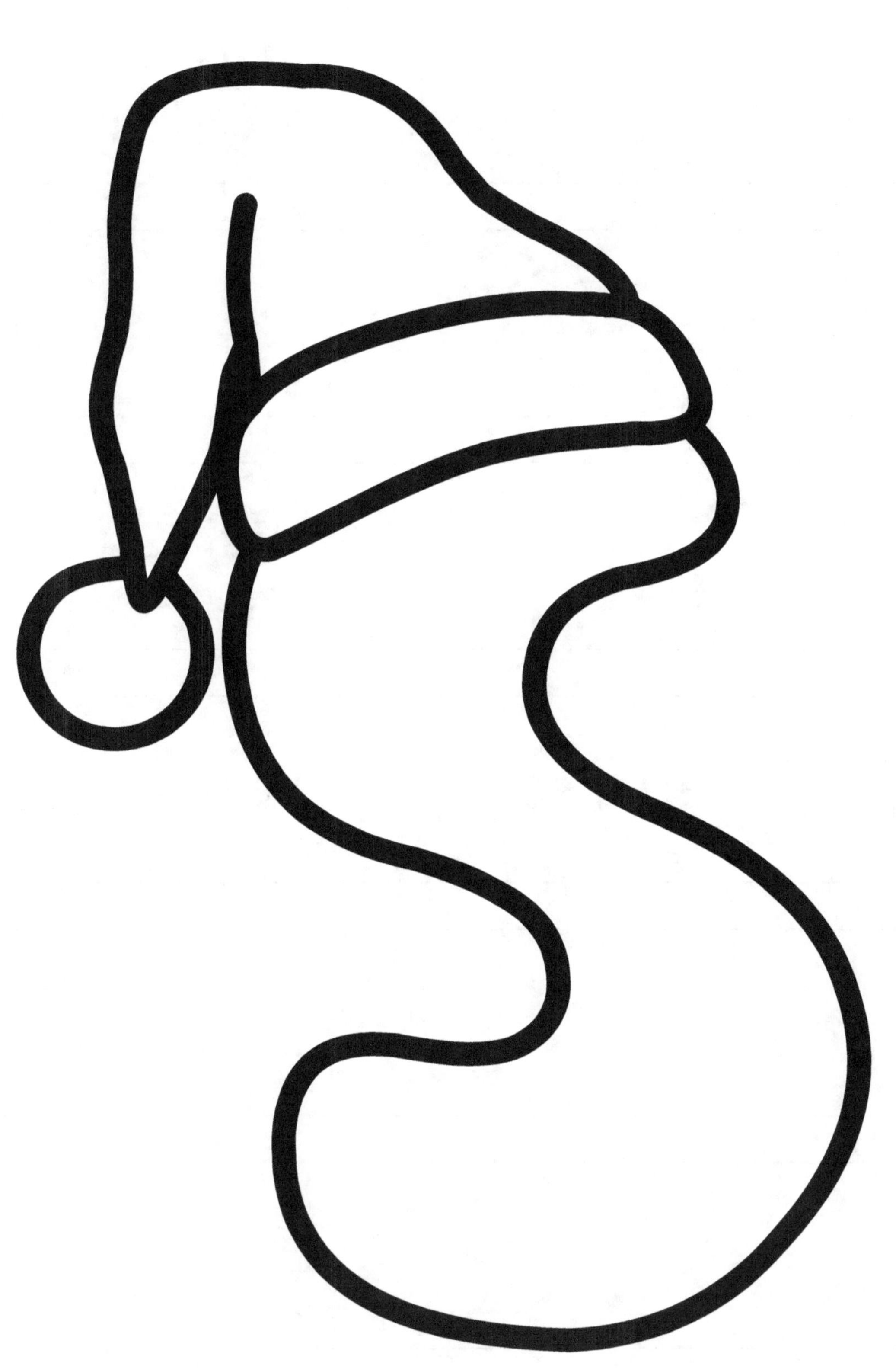

S s

CONNECT THE DOTS

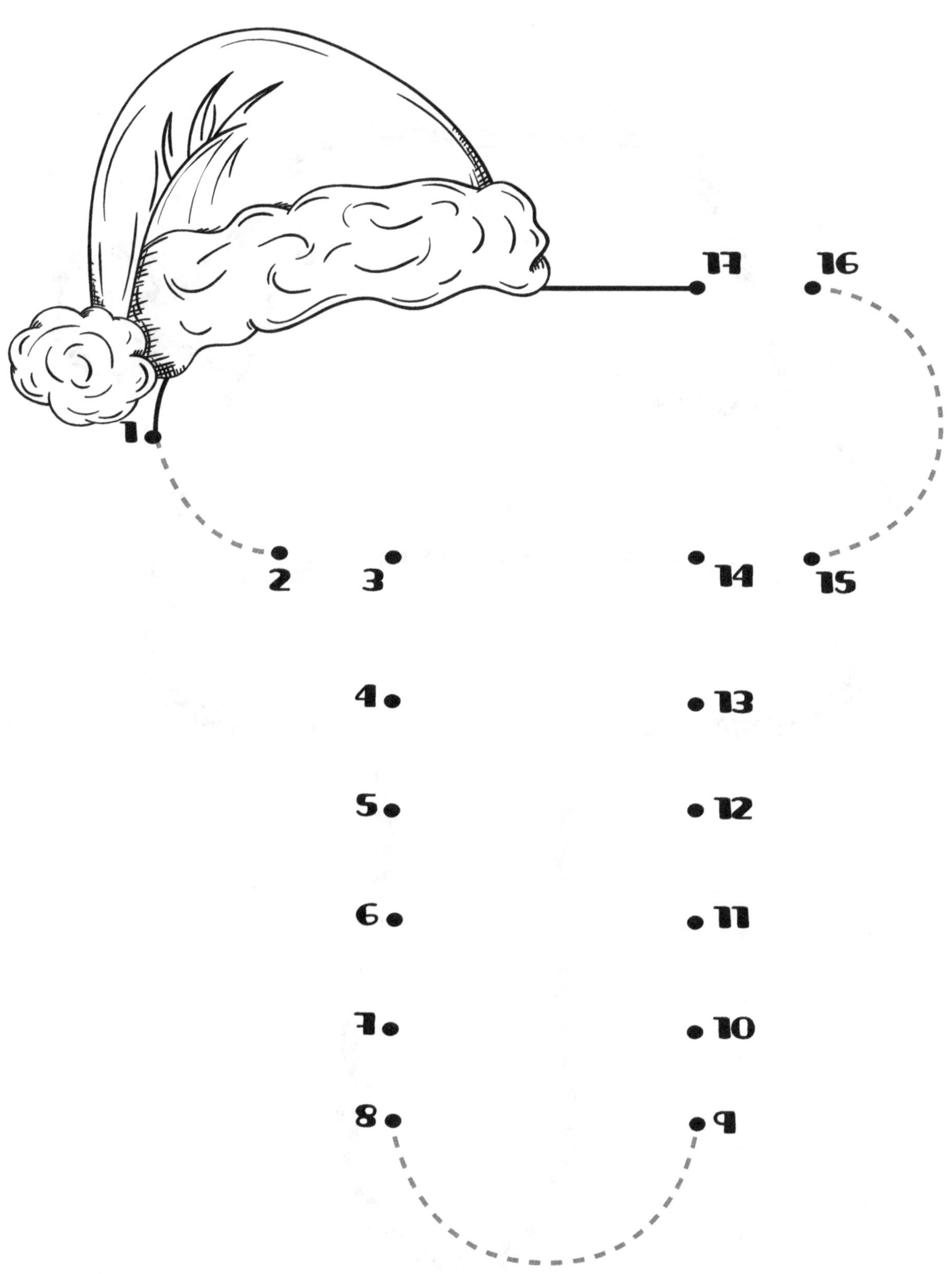

T COLOR IT

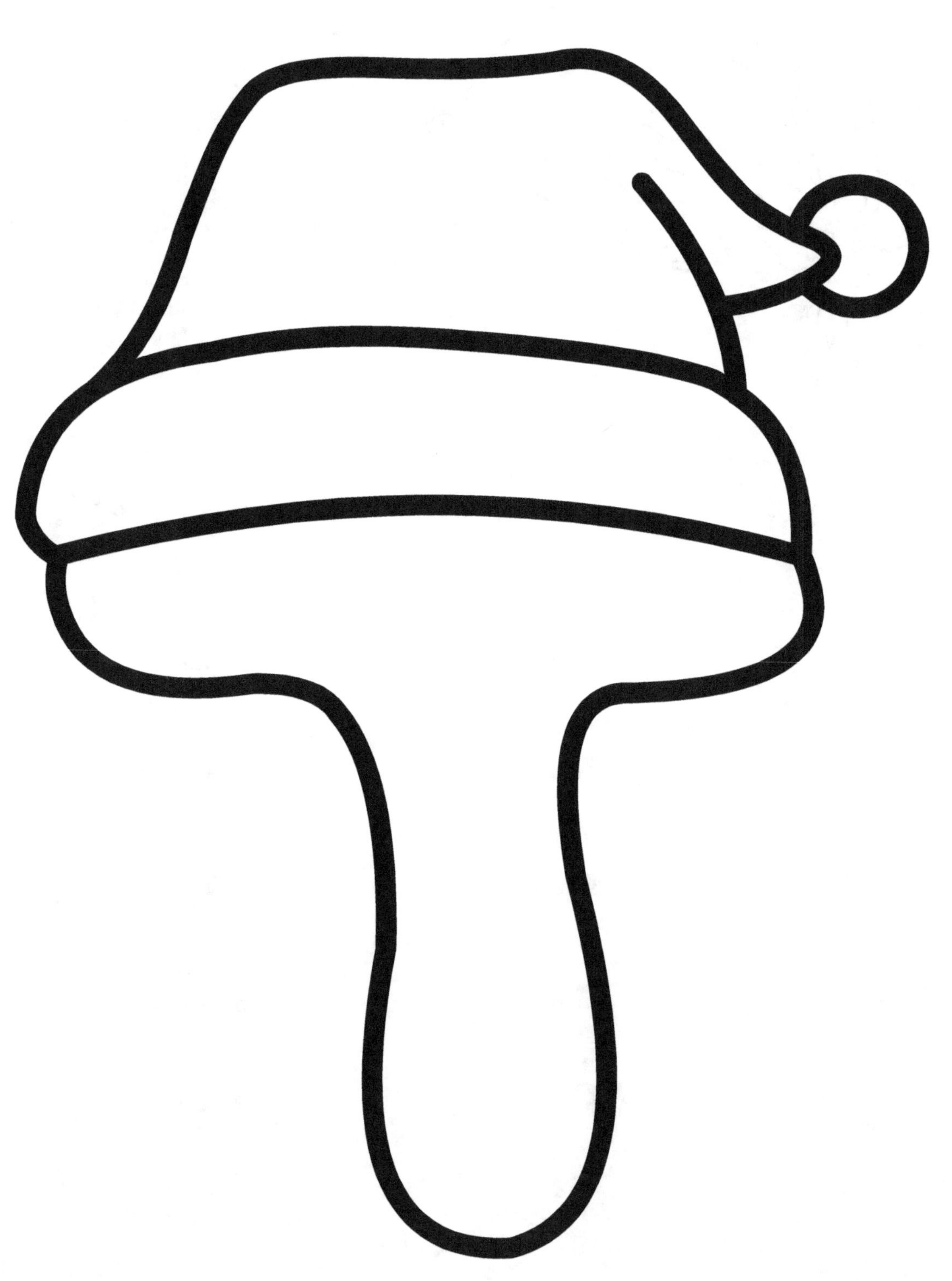

T t

CONNECT THE DOTS

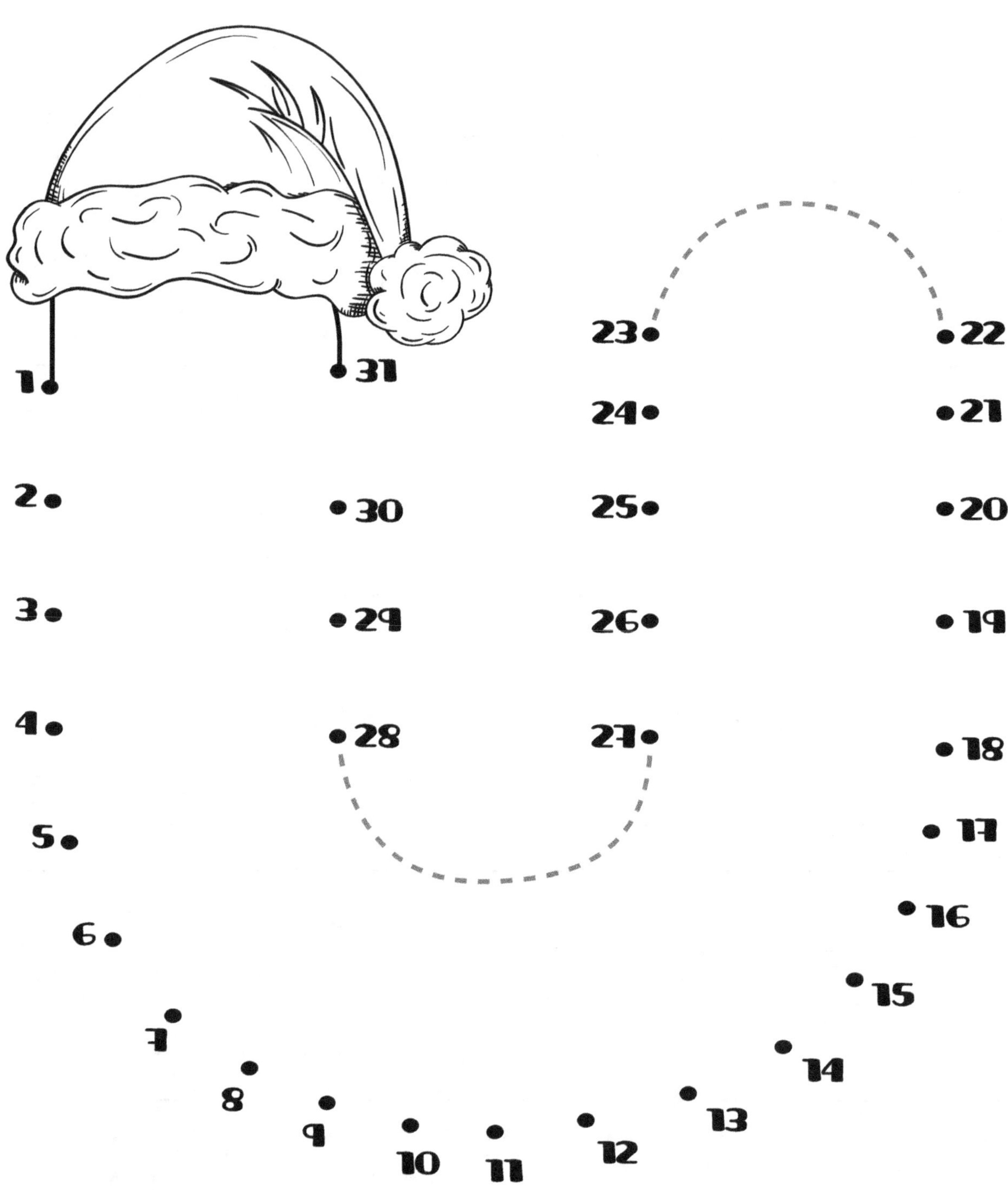

U COLOR IT

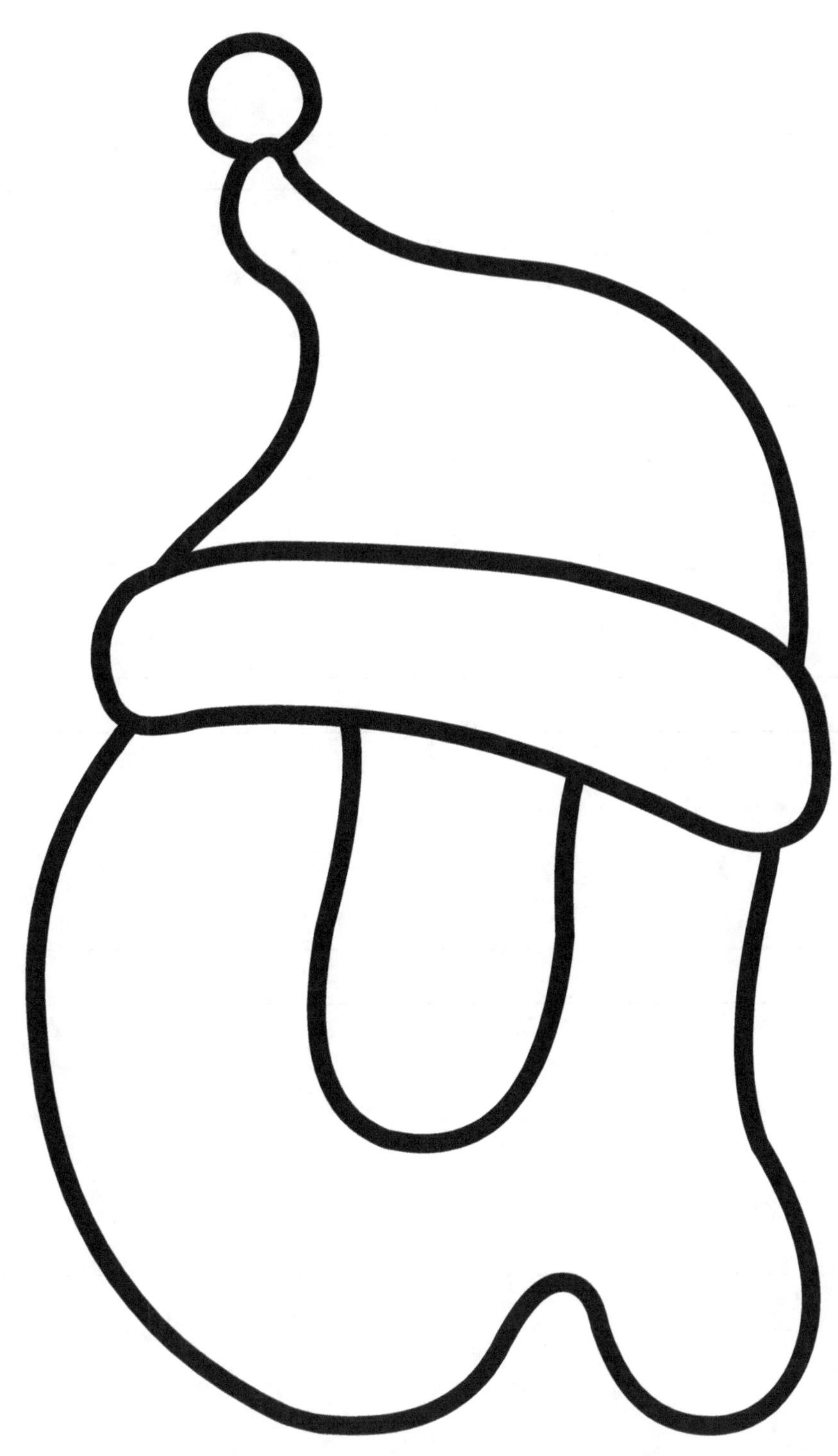

U u

CONNECT THE DOTS

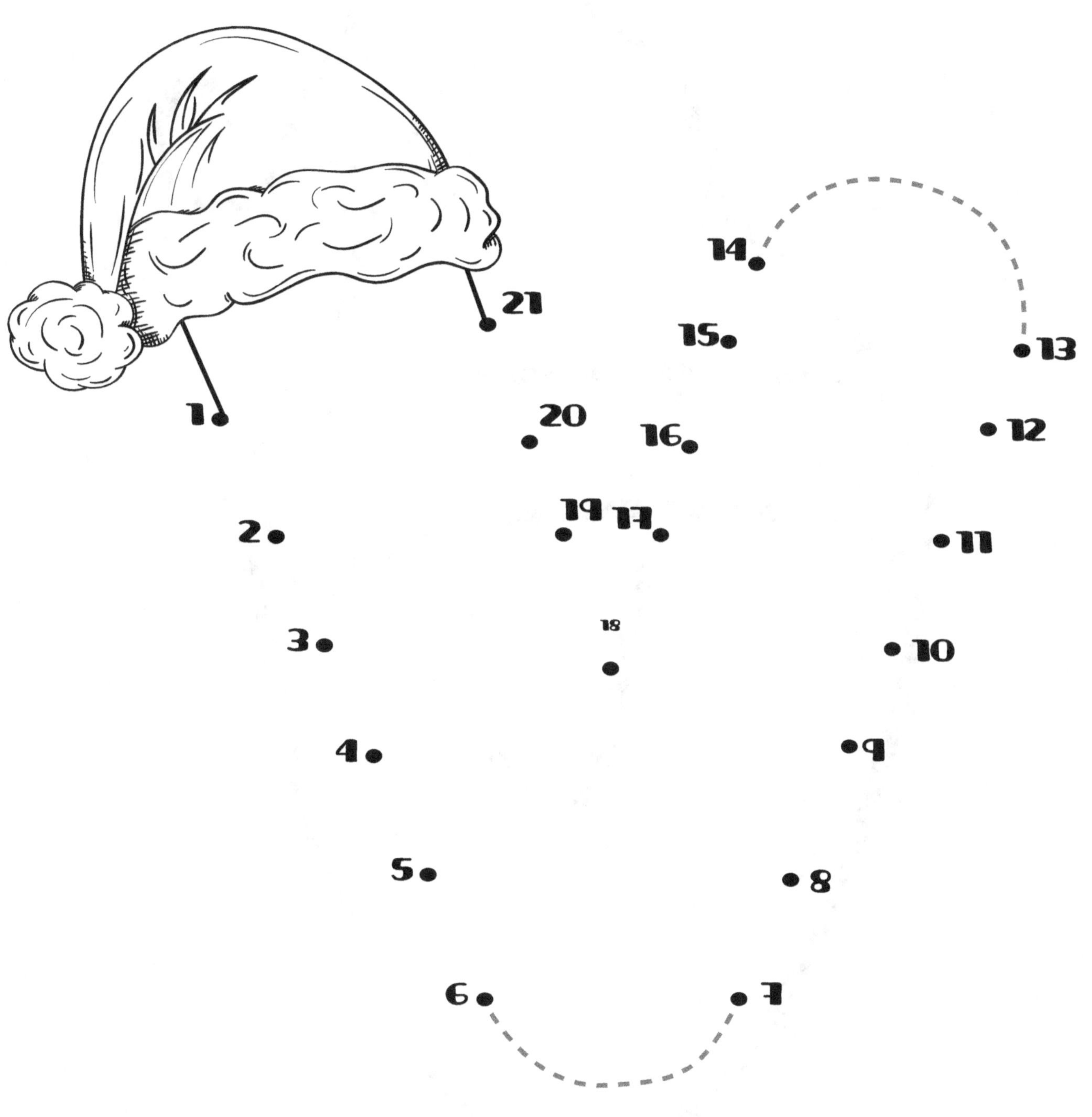

V COLOR IT

V v

CONNECT THE DOTS

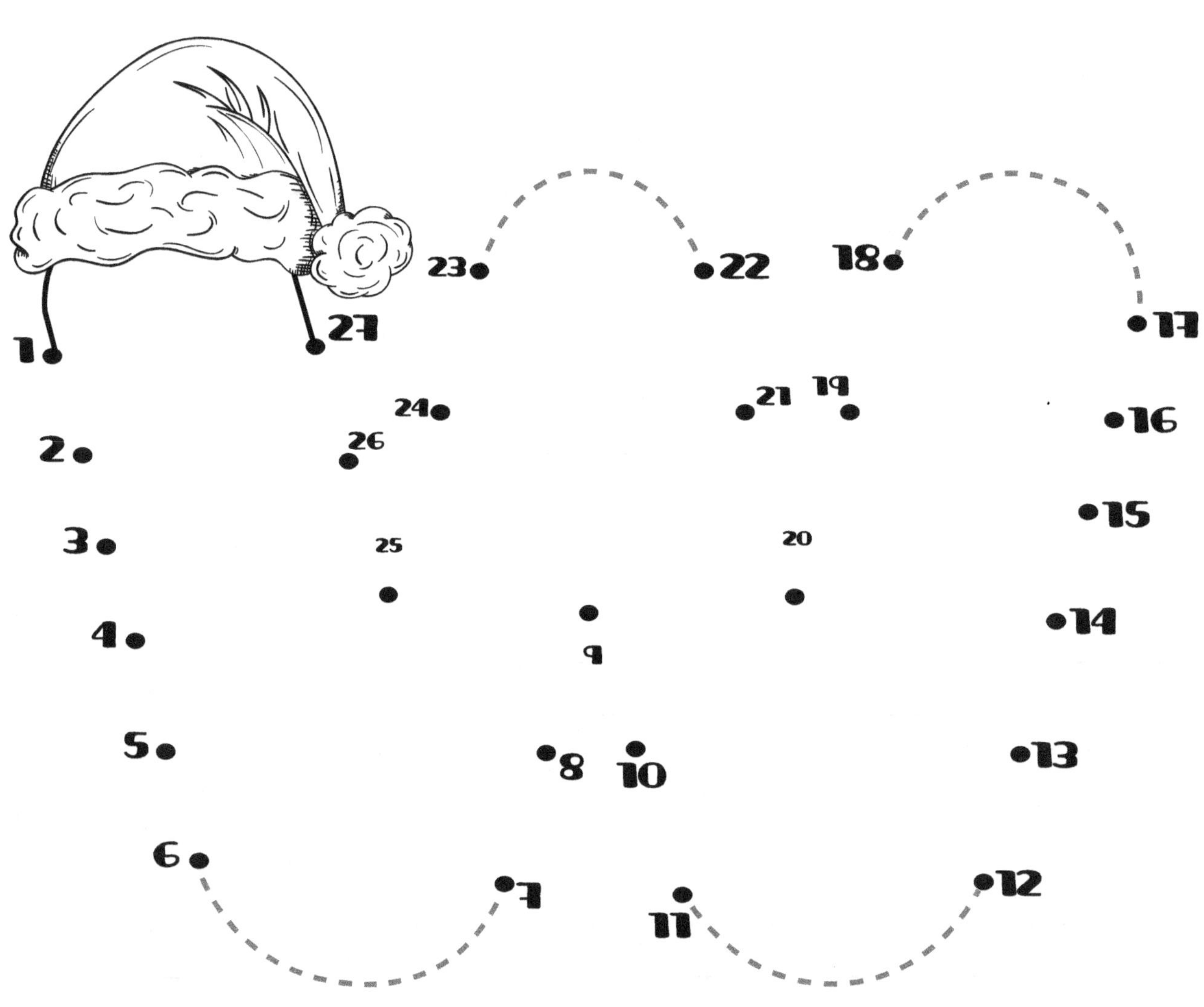

W   COLOR IT

Ww

CONNECT THE DOTS

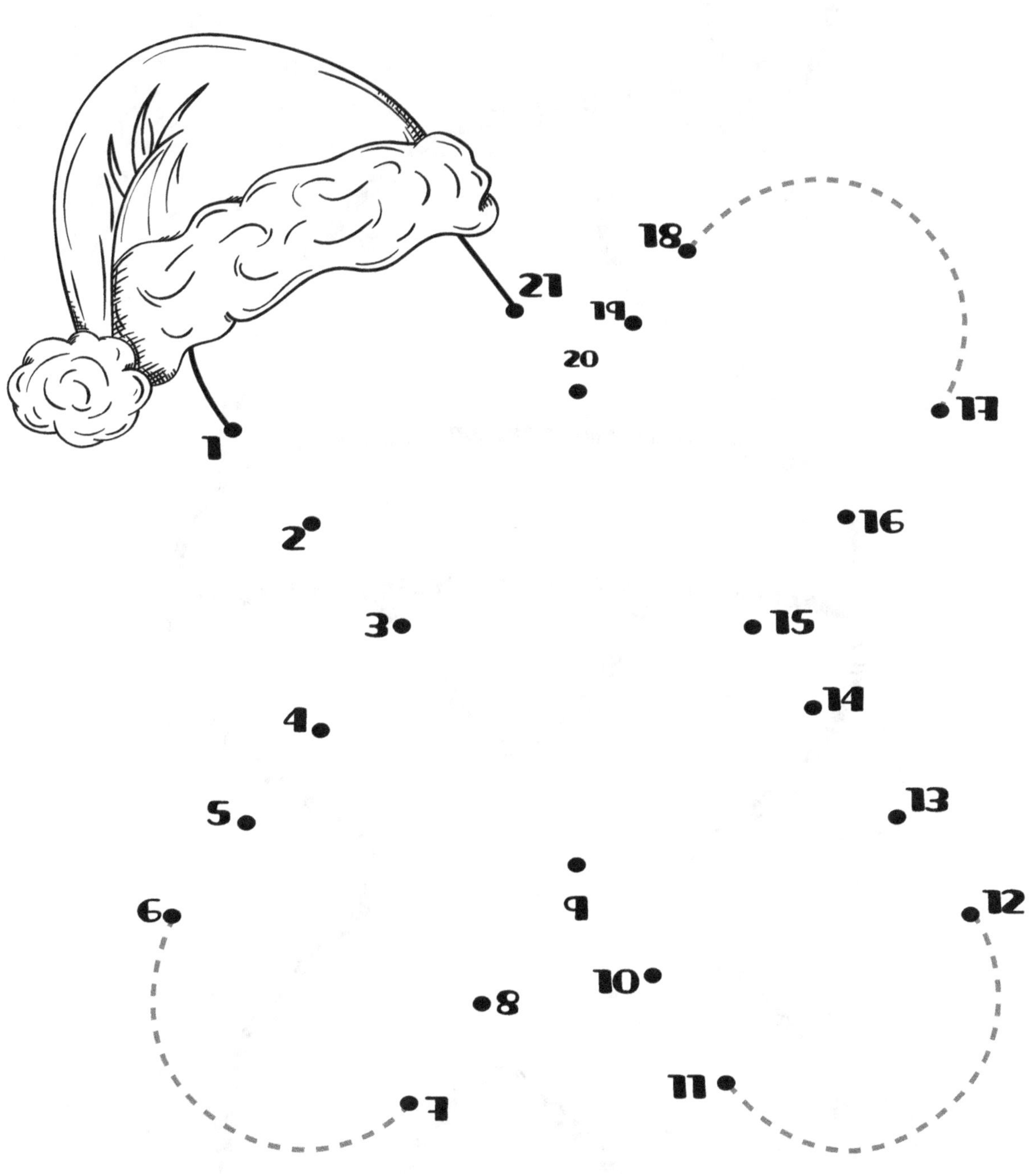

X COLOR IT

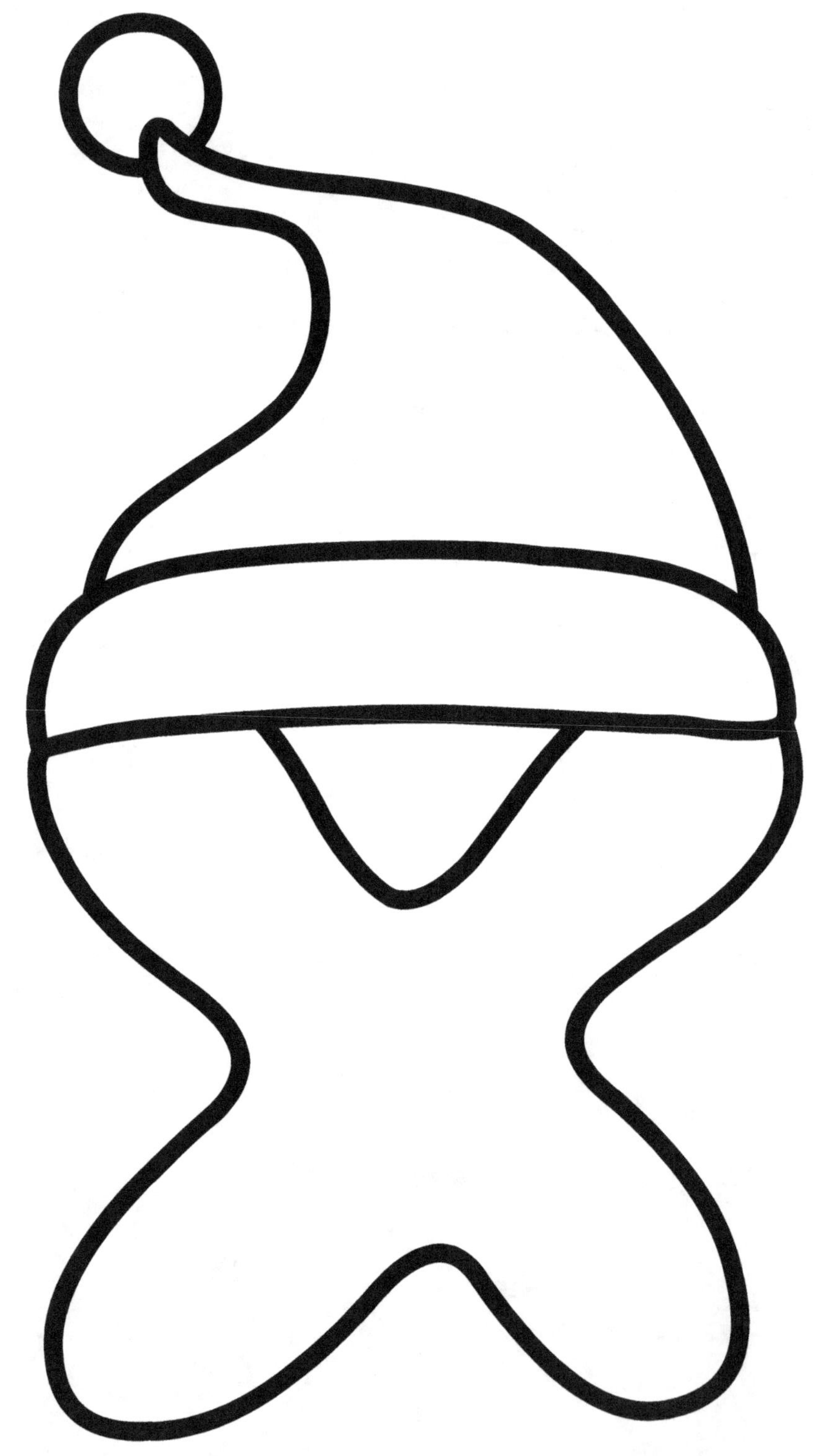

X x

CONNECT THE DOTS

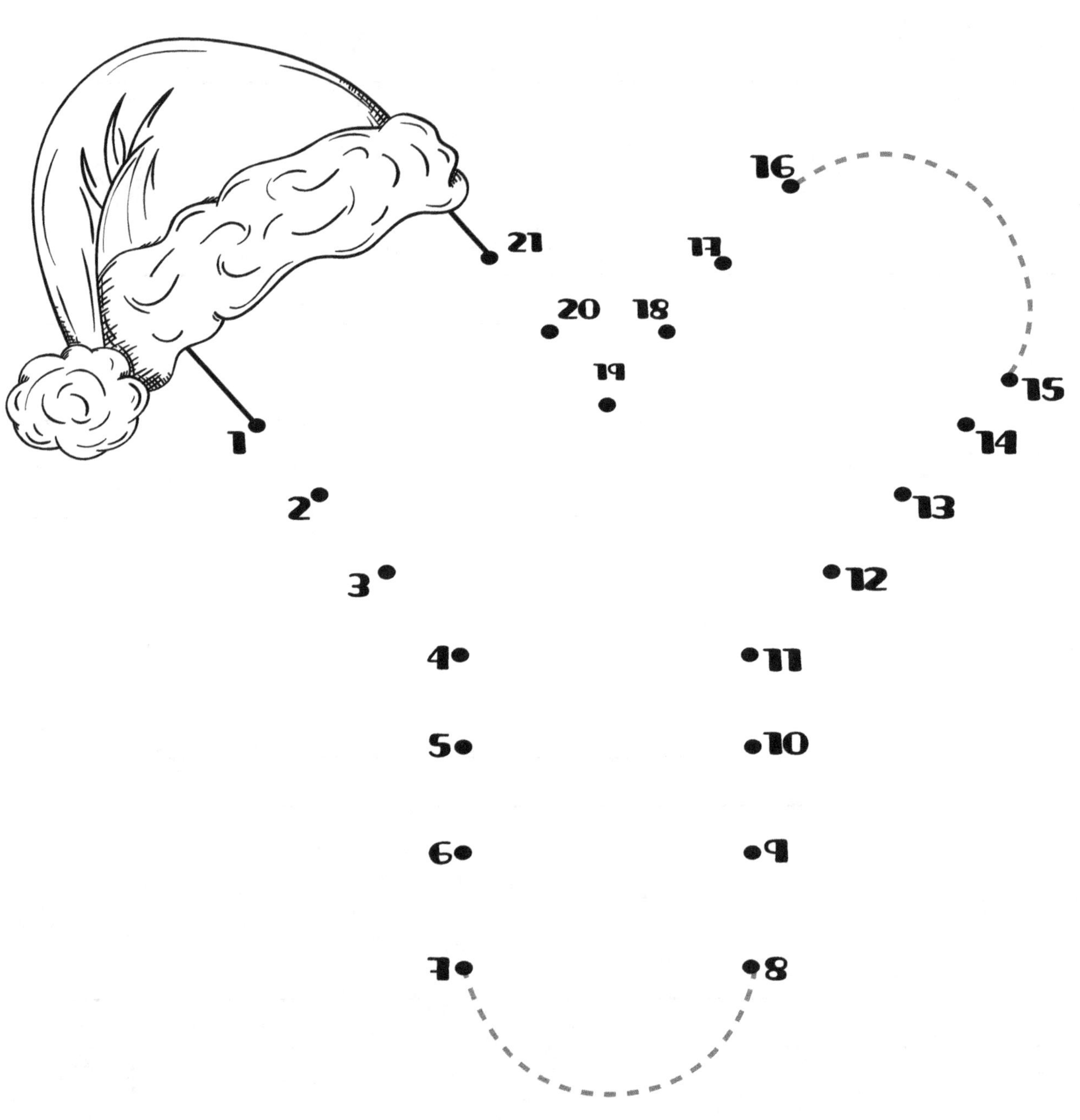

Y COLOR IT

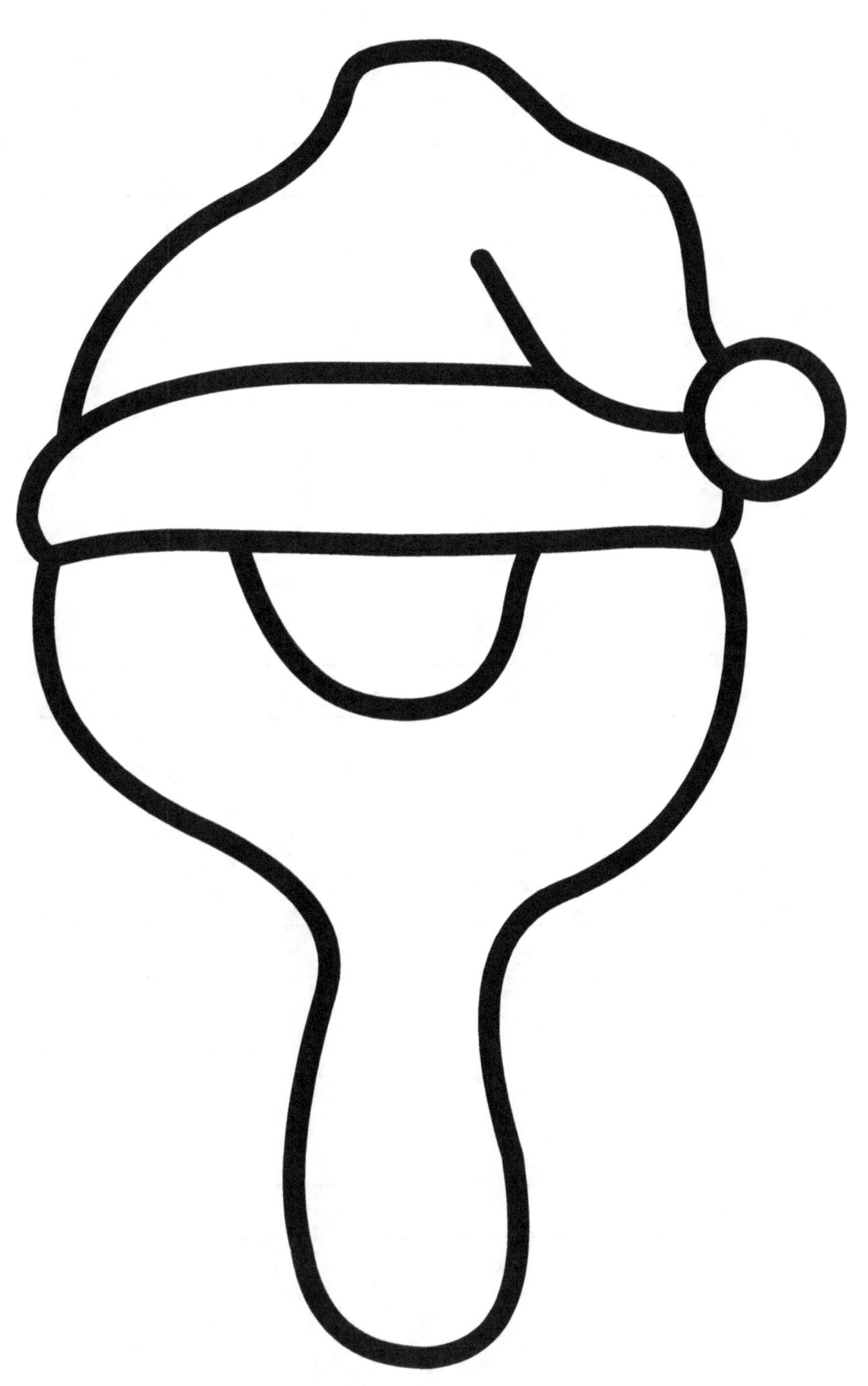

Y y

CONNECT THE DOTS

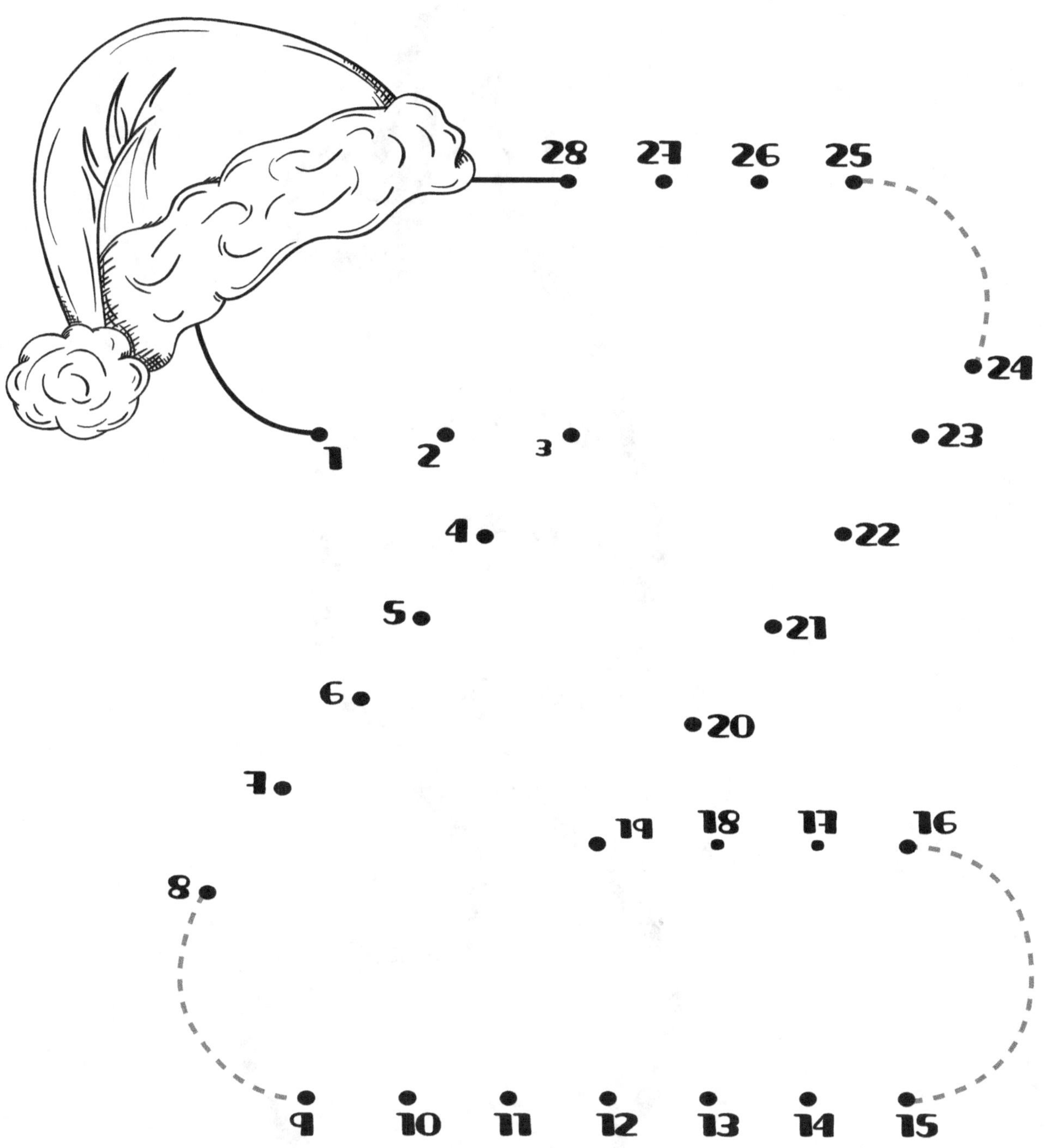

Z COLOR IT

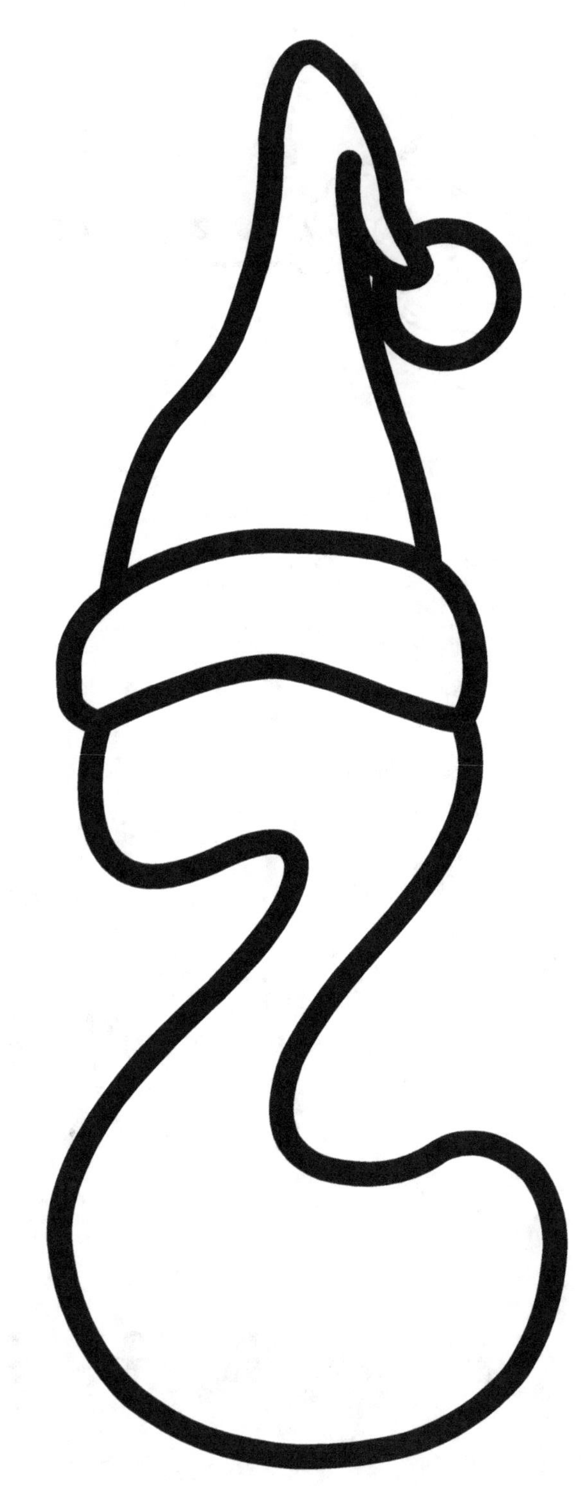

Z z

Dear Santa,

We hope you enjoyed our book

As a small family company, your feedback is very important to us. Please let us know how you like our book at :

PROMOBILEAMZ@GMAIL.COM

Scan Me

for another edicion

Daytona Thorson

www.ingramcontent.com/pod-product-compliance
Lightning Source LLC
Chambersburg PA
CBHW080350030726
47598CB00009B/2694